Widerspiegelung: Der Rote Turm vor der Basilika

TRIER
DIE 99 BESONDEREN SEITEN DER STADT

entdeckt von Michael Pantenius
und Rudolf Voigtländer

mitteldeutscher verlag

Inhaltsverzeichnis

FUGEES
WELCOME

theater.trie

Alte Römer, Wein und junge Leute

Aus welcher Himmelsrichtung man sich Trier auch nähert: Immer trifft man auf die alten Römer! Kunststück. Sie waren hier die Ersten, die noch immer sehenswerte Zeugen ihres Daseins hinterlassen haben. Wer von Luxemburg moselabwärts fährt, sieht die Igeler Säule, ein Grabmal aus dem 2. Jahrhundert n. Chr. Wer Trier im Talbogen des Flusses von den Eifelhöhen aus überschaut, dem fällt das Ensemble des Domes und der Liebfrauenkirche ins Auge. Natürlich auch die Basilika, die Kaiserthermen und das Amphitheater. Von den Höhenzügen des Petrisberges im Süden der ältesten Stadt Deutschlands scheinen diese Bauwerke fast zum Greifen nah. Bleibt noch die Anfahrt moselaufwärts. Da schieben sich die Porta Nigra und die Römerbrücke ins Bild. Alle diese Bauwerke wurden vor gut 1.800 Jahren errichtet und gemeinsam ist ihnen: Sie gehören – acht an der Zahl – zum Weltkulturerbe der UNESCO. Das ist einmalig in Europa, ja der Welt. Doch das Antike, das Museale ist es nicht allein, das „alle Welt" ins „Rom des Nordens" zieht. Die katholische Christenheit wallfahrt sein über 1.000 Jahren zum Heiligen Rock, auch zum Apostel Matthäus, der hier begraben wurde. Bei alledem: Trier ist eine junge, sehr lebendige Stadt, an deren Universität, der Technischen Hochschule und vier Akademien über 20.000 Studierende eingeschrieben sind. Das heißt: Jeder fünfte Mensch, der heute hier lebt, ist mit den Wissenschaften auf Du und Du. Bleibt noch der König unter den deutschen Rebensäften, der Riesling. Über ihn reden? Nein. Trinken muss man ihn!

Durch dieses Tor, „Barbar", betrittst du die Stadt

Rettende Freundschaft

1

Porta Nigra
UNESCO Weltkulturerbe
Porta-Nigra-Platz
Simeonstraße
54290 Trier
Tel.: 0651 978080
www.welterbe-trier.de

Porta heißt Pforte oder Tor und Nigra (oder Negra) schwarz. Das „Nigra" beschreibt hier einen unübersehbaren Zustand: Der ganze Bau ist schwarz, doch das war das heutige Wahrzeichen Triers nicht immer. Als es um 180 n. Chr. als nördlichstes Bollwerk vor der römischen rund 6,4 Kilometer langen Stadtmauer errichtet wurde, strahlte es in hellem Kalkstein. Der schwarze, tief eingedrungene Farbton rührt von den Rußwolken der Stadtbrände her, die immer wieder ausbrachen. Oft genug waren sie mutwillig gelegt worden. Zuerst von den Franken und Alemannen, die mit zunehmendem Erfolg gegen die nördlichen Grenzen des Römischen Reiches anrannten, später auch von den Truppen der französischen Könige, die Trier gern besessen hätten. Zeitweilig ist ihnen das auch gelungen. Damit ist klar, dass das heute bedeutendste römische Bauwerk in Deutschland nicht immer diesen Namen trug. Ihre Erbauer nannten es Porta Martis, also „Tor des Mars". Der aber war einer der wichtigsten Götter des Römischen Reiches. Mars führte als Kriegsgott die Kämpfer in die Schlacht.

Zur Geschichte der Porta gehört die Freundschaft zwischen dem Erzbischof Poppo von Babenberg und dem griechischen Mönch Simeon.

Das alles und mehr erfährt der Besucher bei einer Führung durch einen stilvoll als Legionär oder Gladiator gewandeten Führer. Er macht auch auf die Bauweise dieses klassischen Gemäuers aufmerksam, die sich ansonsten nicht sofort erschließt. Die Porta, gut 30 Meter hoch, wurde aus Sandsteinquadern errichtet, die bis zu sechs Tonnen wiegen. Sie wurden im Kylltal nahe Trier gebrochen, mit Bronzesägen geteilt, zugeschnitten und herbeigeschleppt. Schon dies war eine

technische Meisterleistung. Der „Legionär" zeigt, wie sie ohne Mörtel verbunden wurden, denn eine der mit Blei vergossenen Eisenklammern zwischen den Blöcken haben die über Jahrhunderte tätigen Metalldiebe übersehen.

Zur Geschichte der Porta gehört die Freundschaft zwischen dem Erzbischof Poppo von Babenberg und dem griechischen Mönch Simeon. Poppo hatte den frommen Mann von einer Pilgerfahrt ins Heilige Land mitgebracht. Dem aber gefiel das Leben am Hofe nicht. Er zog in die leere Porta und lebte in ihr bis zu seinem Tode als Eremit. Der Erzbischof nahm ihm diese Weltabgewandtheit nicht übel, im Gegenteil: Er ließ ihn 1035 heiligsprechen. Das rettete die Porta vor einem Schicksal, das die anderen Tore Triers erfahren mussten: Sie wurde kein Steinbruch für die kirchlichen und weltlichen Bauten der mittelalterlichen Stadt. Zudem ließ der Bischof auf der Porta eine große Kirche errich-

ten und gleich daneben das Kanonikerstift St. Simeon, in dem heute das Stadtmuseum residiert.
Und noch ein großer Mann hat sich um die Porta verdient gemacht. Napoleon Bonaparte. Er bewies eine Denkungsart, die man bei ihm nicht vermutet hatte. Als er 1804 Trier besuchte, untersagte er seinen revolutionären Truppen, den heiligen Ort zu plündern und verfügte den Rückbau aller Um- und Anbauten an der Porta. Ausgeführt haben das allerdings erst die Preußen, die ab 1816 hier das Sagen hatten. Für ein paar Jahre hieß die Porta Wilhelmstor, aber das haben sich die Trierer nicht lange gefallen lassen.

Einkaufserlebnisse gibt es vor und hinter der Porta

Es hat alle Zeiten (fast) überdauert – das Mauerwerk eines Eingangs

Brot und Spiele

2

Amphitheater
UNESCO Weltkulturerbe

Bergstraße 45
54290 Trier
Tel.: 0651 9780888
www.trier-info.de

Ein Bürger Triers darf, falls irgendwer bezweifeln sollte, dass seine Stadt bereits in römischer Zeit bedeutend, ja die größte im Norden des Reiches war, getrost auf das Amphitheater verweisen. Das ist Beweis genug! In einem römischen Militärlager, schon gar nicht in einer Ansiedlung vor den Palisaden, hätte man um 100 n. Chr. ein solches Bauwerk errichtet: eine Arena für 20.000 Besucher! Ähnliches gab es zu dieser Zeit nur in Rom und in Verona, also in den mächtigsten Städten des Reiches. Die Augusta Treverorum, das heutige Trier, zählte zu ihnen. Und noch etwas kommt dazu: Triers Amphitheater ist das einzige seiner Art nördlich der Alpen. Das ist seiner Bauweise zu danken. Das Gelände am Fuße des Petrisberges wurde klug genutzt, da der Hang abgetragen, dort die gewonnene Erde wieder aufgeschüttet und festgestampft. Die Tribünen, wenn auch mit Steinen leicht gesichert, entstanden auf einfache und doch äußerst haltbare Art und Weise. 26 Sitzreihen zogen sich rund um die Arena von 70 Metern Länge und 49 Metern Breite. Natürlich wurden auch die Eingänge und die Kelleranlagen unter dem Theater sorgfältig in Stein ausgeführt. Dort befanden sich Verliese, in denen die Todgeweihten auf ihren Auftritt zu warten hatten. Das waren nicht nur Gladiatoren und Glücksritter, die ihr Leben für Ruhm und Geld aufs Spiel setzten, nicht nur Verbrecher, es gab auch verfolgte Christen unter ihnen. Aus den Verfluchungstäfelchen der Unglücklichen, die man im Schutt gefunden hat, weiß man das. Die Legionäre und die Bürger der wachsenden Stadt gingen, wenn sie sich nicht im Circus Maximus an Pferderennen erfreu-

Triers Amphitheater ist das einzige seiner Art nördlich der Alpen.

Zwei Zugänge des Amphitheaters dienten gleichzeitig als Stadttore

ten, in das Amphitheater, um sich an Kampf und Mord und Totschlag zu ergötzen. Sie brüllten frenetisch, wenn die Kämpfer aufeinandertrafen und einer auf den anderen einhieb, dass die Funken von den Klingen und den Schilden stoben. Solange, bis einer tot auf dem Platz blieb. Und da waren ja auch noch die Tiere! Ein ausgehungerter Löwe traf auf einen ebensolchen Bären. Die würgten sich und brachten sich gegenseitig um …

Es gibt Zeitgenossen, die sich über „die alten Römer" moralisch entrüsten. „Wie konnten die nur!" Ja, sie konnten, sie waren Kinder ihrer Zeit. Eines wird bei dieser Überhebung schlicht vergessen: Wir leben unter dem gleichen Prinzip: Brot und Spiele. Tag für Tag sitzen Millionen Deutsche vor den Bildschirmen. Da flimmern auf fast 500 Kanälen Hunderte brutale Morde …

In römischen Zeiten wurde im Amphitheater nicht nur gekämpft und gestorben. Es gab auch – so heißt es – „richtige" Theateraufführungen, Volksversammlungen fanden statt, in denen nicht nur große Reden geschwungen, sondern wichtige Belange des Gemeinwesens beraten wurden. Das ging so hin bis zum Ende des 4. Jahrhunderts. Dann kam, was überall geschah, wenn Macht und Ordnung zerbrachen: „Wer in der Gegend bauet, der nimmt sich für sein Haus, aus der zerfallenen Mauer, den schönsten Stein heraus." Aber es ist genug geblieben, das staunen und sich bewundern lässt.

Die historische Arena – einst Schauplatz dramatischer Kämpfe

Jederzeit stimmungsvoll – der Kreuzgang

Einheit in der Stilvielfalt

3

Dom St. Petrus
UNESCO Weltkulturerbe
Liebfrauenstraße 12
54290 Trier
Tel.: 0651 9790790
www.dom-trier.de
www.dominformation.de

Flavia Julia Helena – was für ein schöner Name und was für eine Frau! Ihr hat Trier viel, am Ende alles zu verdanken. Die Mutter des Kaisers Konstantin hat etwa um die Jahre 326, 329 ihren prachtvollen Palast der ersten christlichen Gemeinde der Stadt geschenkt. Die durfte ihn niederreißen und sich auf dem Gelände eine Kirche bauen. Und stets, wenn Jahrhunderte vergangen sind, gibt es auch dazu mancherlei Legenden. Im Kern sind sie wohl wahr. Die kraft dieser Schenkung mit der Zeit entstandene Domkirche St. Petrus ist die älteste Bischofskirche Deutschlands und sie steht zusammen mit der durch einen Kreuzgang verbundenen Liebfrauenkirche seit 1986 auf der Liste des UNESCO-Weltkulturerbes.

Doch warum stiftete die Kaisermutter ihren Palast den eben erst im Reich legalisierten Christen? Sie hatte den neuen Glauben angenommen, war wenig später nach Jerusalem gereist und hatte dort Splitter vom Kreuz Christi und Kreuzesnägel aufgefunden, vor allem aber den Heiligen Rock, das ungeteilte Gewand des Gottessohnes, erworben und „ihrer Kirche" in Treveris übereignet. Dass sie als Heilige verehrt und dass im Dom ein Schädelreliquiar von ihr bewahrt wird, ist nur folgerichtig. Dort kann man ihr nun mehrfach ins Gesicht schauen: Lebensgroßen Skulpturen begegnet man in der Ostkrypta des Domes und im Bischofshof. Helena findet sich auf zahlreichen größeren und kleineren antiken Münzen. Einen Kamm von ihr, auch eine Trinkschale zeigt die Domschatzkammer.

Dass sie als Heilige verehrt und dass im Dom ein Schädelreliquiar von ihr bewahrt wird, ist nur folgerichtig.

Die Sternstraße verbindet Hauptmarkt und Domfreiheit

Der Dom, so wie er heute ist, entstand in vielen Phasen. Dem Aufbau folgten Teilabrisse, Umbauten, Zerstörungen zur Zeit der Völkerwanderung, die Normannen fielen ein und brandschatzten die Heiligtümer ... Das alles ist recht gut erforscht und füllt Folianten. Was wir heute sehen, entstand auf und über den ersten Grundmauern in den Jahren zwischen 1038 und etwa 1530. Neue Pfeiler, Türme, Langhausmauern, Krypten, Hochaltar ... harmonisch vereint in einem gegliederten Raum von etwa 95 Metern Länge und 38 Metern Breite. Alle Bauphasen und Zeugnisse der Kunst im Verlauf der 1.700-jährigen Geschichte dieser ältesten Kathedrale nördlich der Alpen präsentieren sich als Einheit in der Stilvielfalt.

Für den Besucher ist die Ausstattung von besonderem Interesse. Sie erschließt sich fast mühelos. Man kann sie sehen und bewundern. Da sind die prachtvollen Bischofsgrabaltäre,

Grabbögen und -platten, die reiche Bilder- und Symbolwelt am Hauptaltar und den Nebenaltären, in den Kapellen und Reliquienschreinen … Alles zusammen formt sich zum vollkommenen Bild: Zu einem der schönsten und prachtvollsten sakralen Bauwerke Europas.
Erzählt all diese Kunst nur von einer fernen Zeit? So ist es nicht. Sehr zeitgenössisch ist die Hauptorgel, Baujahr 1974. 67 Register, 30 Tonnen schwer, 16 Meter hoch und acht Meter breit „klebt" sie in ihrem „Schwalbennest". Modernes Äußeres, hängende Pfeifen und als besonderer Geck: Bei bestimmten Stücken im Repertoire springt ein Teufelchen hervor. Er soll zwar zu Ehren Gottes spielen. Aber er pfeift nur fünf Töne auf einer grausam verstimmten Panflöte.

Der Dom (r.) und die Liebfrauenkirche dominieren das Stadtbild

Tausende hartgebrannte Ziegel bilden eine himmelhohe Wand

Vom Thron zum Altar

4

Konstantin-Basilika
UNESCO Weltkulturerbe
Konstantinplatz 10
54290 Trier
Tel.: 0651 99491200
www.trier-info.de

Wenn man bedenkt, was die Konstantin-Basilika in ihrer gut 1.700 Jahre langen Geschichte schon alles gewesen ist, was sie einmal war und wen sie so alles ertragen musste, dann ist es mehr als erstaunlich, dass sie alle Zeitläufte überstanden hat. Zumindest scheint es so, denn kaum ein Gebäude in der Stadt hat eine so bewegte Geschichte. Die Römer hatten hier ihre gallische Prätorianerpräfektur angesiedelt, also das Zentrum ihrer Macht in der westlichen Hälfte des Riesenreiches. Die Prätorianer waren eine Elitetruppe, sie unterstanden dem Kaiser und das hieß: Damit sie nicht zum Staat im Staate werden konnten, mussten die jeweiligen Herrscher ihnen öfter auf die Finger schauen, sich in Treverorum (also im späteren Trier) persönlich blicken lassen. Und nicht nur das: Sie mussten hier auch residieren und ihre Macht anschaulich präsentieren. Wo ging das besser, als in einem Bauwerk, das schon allein durch seine Dimension die Größe des Reiches symbolisierte?

Diese „aula palatina" sollte jeden einschüchtern, der sie betrat und sich devot dem Herrscher nahen durfte.

Das heute als Basilika bekannte Gotteshaus, um 310 unter dem römischen Kaiser Konstantin erbaut, war ursprünglich Teil einer großen Palastanlage und diente ausschließlich profanen Zwecken: In dem gewaltigen Raum, 71 Meter lang, 27,5 Meter breit und 33 Meter hoch, stand der Thron des Kaisers – und sonst nichts. Diese „aula palatina" sollte jeden einschüchtern, der sie betrat und sich devot dem Herrscher nahen durfte. Und diese Funktion hat der größte säulenlose Raum, der aus der Antike überkommen ist, wohl auch erfüllt. Bis zu dem Tag, an

Den Blick vom Kornmarkt zur Basilika gibt es erst seit 1945

dem Rom dem Ansturm der Germanen, der Franken und anderer Völker nicht mehr länger standhalten konnte und sich aus Gallien zurückzog. Da war das Christentum schon etabliert, aber seine neuen „Herrscher" ebenso gefährdet wie die Kaiser Roms. Deshalb bauten die siegreichen Franken, später die Trierer Erzbischöfe und die Kurfürsten (oft waren sie das in Personalunion) im 13. Jahrhundert die alten Palastanlagen zu einer Burg um, später errichteten sie ein Schloss. Da lebte es sich besser. Dem Schlossbau fielen Teile der „aula palatina" zum Opfer, andere wurden in das kurfürstliche Palais integriert. Dennoch: Der klassische Charakter des Gemäuers blieb erhalten.

Das änderte sich erst 1856 unter Preußen, denn Friedrich Wilhelm IV. war ein überzeugter Protestant. Kein großes, schönes Gotteshaus für meine Religionsgenossen? So wird er wohl gedacht haben. Er ließ, soweit rekonstruierbar, den römischen

Zustand wieder herstellen. 1856 wurde der größte Römerbau jenseits der Alpen als „Evangelische Kirche zum Erlöser" eingeweiht. Einhundert Jahre später, 1956, wurde die Weihe wiederholt, denn die Basilika war im Krieg weitgehend zerstört worden …

Und heute? Obwohl etwa zwei Millionen Menschen im Jahr die Weltkulturerbestätte besuchen, ist die Basilika kein Museum. Sie ist ein Kirchenraum, in dem aber außer Gottesdiensten zahlreiche kulturelle Veranstaltungen stattfinden. Darunter immer welche, in denen das Schicksal dieses gewaltigen Baus im Zentrum steht.

In diesen Baukörper würde die Porta Nigra passen

Einst betete hier jeder, der die Stadt erreichte oder verließ

Standfest im Strom

5

Römerbrücke
UNESCO Weltkulturerbe
St.-Barbara-Ufer/
Aachener Straße
54294 Trier
www.welterbe-trier.de

Die etwa im Jahr 144 n. Chr. erbaute Römerbrücke über die Mosel soll die älteste in Deutschland sein. Sie gilt als die älteste nördlich der Alpen. Da protestieren die Franzosen! Ihr Pont Ambroix über das Flüsschen Vidonrie bei Languedoc-Roussilon stammt zwar aus dem 1. Jahrhundert v. Chr. Aber: Von ihm steht nur noch ein attraktiver Bogen auf zwei Pfeilern. Über Triers erste Brücke aber rollt noch heute – also seit rund 1.900 Jahren! – der Verkehr. Und wie!

Das hohe Alter ist ein Wunder, denn an Feinden hat es der Felix Augusta, der glücklichen Stadt des Kaisers Augustus, der Urbs „Augusta Treverorum", so wenig gefehlt wie an reißenden Hochwassern, an Stürmen und Granaten. Viele Gewalten haben sich bemüht, die Brücke zu zerstören. Oberflächlich ist ihnen das hin und wieder auch gelungen. Aber die Römer haben ihre Pfeiler mit mächtigen Basaltquadern im Strom so gut gegründet, dass das Bauwerk alles überlebt hat. Wie das? Forschungen haben bewiesen: In unmittelbarer Nähe der Brücke hatten die Römer schon um das Jahr 17 v. Chr. einen hölzernen Übergang über die Mosel geschlagen. Er diente offenbar als Arbeitsbühne für die Steinbrücke. Das Alter der gefundenen Eichenstempel kann dank dendrologischer Analysen so genau datiert werden. Damit ist auch bewiesen, dass Trier als feste Siedlung schon um diese Zeit bestanden hat, denn für die Legionäre des römischen Militärlagers auf dem nahen Petrisberg hätte die nahe Furt gereicht. Die Römer bauten aber eine grundsolide Brücke! Damit auf ihr

Die Römer bauten aber eine grundsolide Brücke! Damit auf ihr Wagen, beladen mit Handelsgütern, nach Norden rollen konnten.

Westlich der Brücke führte die Römerstraße auf die Höhen

Wagen, beladen mit Handelsgütern, nach Norden rollen konnten. Und in die Stadt kamen die Produkte aus der nahen Eifel. Im Laufe der Jahrhunderte hat das Bauwerk zwar Veränderung erfahren, der Gesamteindruck jedoch blieb unverfälscht. Auf den Pfeilern ruhte zunächst nur eine flache, hölzerne Fahrbahn, die schönen Bogen stammen aus dem 14. Jahrhundert. Damals wurden auch zwei der ursprünglich neun Pfeiler abgerissen, denn die Brücke musste in die Stadtmauer einbezogen werden. Ihrer Schönheit hat das nicht geschadet.
Und die Feinde? 1689, unter Ludwig XIV., dem Sonnenkönig, der eine Zeit lang Herr auch über Trier war, wurden die Fahrbahnen so stark zerstört, dass sie praktisch unpassierbar waren. Die Trierer – es gab nur noch 2.600 Einwohner in der Stadt – behalfen sich mit Fähren, die Furt kam auch zu neuen Ehren. Erst 1716 rollte der Verkehr wieder. Doch 1945 wäre es beinahe

zur Katastrophe gekommen. Deutsche Pioniereinheiten hatten die gesamte Brücke zur Sprengung vorbereitet. Wie diese Untat verhindert werden konnte, ist noch immer ein Thema in der Stadt. Ein Dutzend Männer will – jeweils als Einzelkämpfer! – am 2. März 1945 die amerikanischen Vorauskommandos auf die Sprengkästen aufmerksam gemacht haben.
Die Römerbrücke gehört zum Weltkulturerbe der UNESCO. Das ist für Touristen von Interesse. Die Trierer sehen mehr den praktischen Nutzen. Und der bestand über Jahrhunderte auch in einer recht profanen Tätigkeit. Aufs Wasser gucken und – Angeln.

Sie trotzt seit fast 1.900 Jahren dem Strom

Der „Centurio“ erzählt von den Geheimnissen der Porta

… und der Nachtwächter Geschichten aus dem alten Trier

Mit Helena und Lautenklang auf Tour

6

Auch wenn der Tourist schon ziemlich einheitlich gewandet in die Stadt kommt, so will er dennoch Menschen im Habit früherer Jahre sehen. Jeder Marketing-Experte weiß das, die Trierer allemal. Also gibt es unter den Rundgängen und Walking-Touren zu Fuß, mit Rad und Bus zum Beispiel eine Togaführung. Bei der erzählt ein schmuck ausstaffierter Cicerone, wie das so war in der Treverorum Augusta, der Stadt der Kaiser und der Kaiserinnen. Da lauscht es sich doch gleich noch mal so schön, und auf diese Art kann man sich alles besser merken. Auch Kaiserin Helena, Adelheid von Beeselich und Jenny Marx führen im entsprechenden Outfit wortgewandt durch ihre Stadt. „Preußische Offiziere" im vollen Wichs erzählen von ihrem Verhältnis zur Demokratie, zur Revolution und auch der Monarchie. Wie könnte da der Bänkelsänger nachstehen? Er singt beim Klang der Laute so dies und das, erheiternd und besinnlich. Ein anderes „Schmeckerchen" ist die Besichtigung der Porta mit einem „echten" Centurio. Auch er ist stilgerecht ausgerüstet. Wenn er gestenreich berichtet, hängt das „Volk" an seinem Munde. Jetzt wird das „alte Rom" so richtig nacherlebbar. Es hört, was es an Mord und Totschlag gab und was in den Thermen wirklich los war. Und erst im Circus Maximum! Da rasten Wagenlenker um die Bahn. Jetzt weiß man: Die antike Formel 1 bot auch schon „action". Natürlich geht es noch spezieller: Besonders sinnig ist der Spaziergang durch die Altstadt unter dem Motto: „Wie der Wein Karl Marx zum Kommunisten machte".

Jetzt weiß man: Die antike Formel 1 bot auch schon „action".

Stadtführungen

Vermittlung/
Buchung:
Tourist-Information
Trier
Simeonstraße 55
(direkt an der Porta
Nigra)
54290 Trier
Tel.: 0651 978080
www.trier-info.de

Wasserspiele für den Kurfürsten und Erzbischof Balduin von Luxemburg

Balduin von Luxemburg grüßt Trier

7

Balduinbrunnen
Alleenring/Ecke Christophstraße/ Balduinstraße
54290 Trier

Die Trierer galten als kaisertreu. Sie standen brav Spalier, wenn der Imperator ihre Stadt besuchte. Irgendwie fuchste sie der Kotau vor dem Hohenzoller aber doch. Sei's drum: Um 1890 hatten sich die Stadtväter dennoch entschlossen, Wilhelm II. ein Denkmal zu errichten. Alle Pläne lagen fix und fertig vor. Doch plötzlich besannen sie sich anders. Warum? Vielleicht dachten sie: warum dieser protestantische Preuße? Verdienste hat er bislang keine. Schon gar nicht um unser katholisches Trier. Und schließlich: Wir sind ja auch wer. Mit dieser Argumentation hatten sie die Bürger auf ihrer Seite. Beschluss: Wir bauen ein Denkmal für unseren Kurfürsten und Erzbischof, für Balduin von Luxemburg. Der lebte von 1307 bis 1354. Er hat unseren Kurstaat maßgeblich geschaffen, und überhaupt …

Die Bürger sammelten 25.000 Reichsmark für einen Denkmalbrunnen. Im Mai 1897 wurde er eingeweiht. Seitdem grüßt der weise und mächtige Mann von seinem erhabenen Platz. Der kann sich sehen lassen! Marmorne Brunnenschalen, Säulenpodeste, geschmückt mit Gedenktafeln, Wappen tragenden Engeln und Rittern. Alle Bronzen schuf der Münchner Freiherr Ferdinand von Miller, die Steinmetzarbeiten aber sind gute Trierer Handwerkskunst. Der Brunnen ist der schönste von gut 20 in der Stadt.

Er hat unseren Kurstaat maßgeblich geschaffen, und überhaupt …

Übrigens: Wilhelm II. hat seine Herabsetzung nicht übel genommen und 1913 die zweite Moselbrücke der Stadt eingeweiht. Sie erhielt seinen Namen, aber das auf der Brücke für ihn geplante Denkmal wurde wieder nicht errichtet.

Liebfrauenkirche – die älteste gotische Kathedrale in Deutschland

Die erblühende Rose in Stein

8

Liebfrauenkirche
UNESCO Weltkulturerbe
Liebfrauenstraße 2
54290 Trier
Tel.: 0651 170790
www.liebfrauen-trier.de
www.welterbe-trier.de

Maria, die Himmelskönigin, und die Rose sind durch eine vielfältige Symbolik verwoben. Da lag es nahe, dass die Gründer der Liebfrauenkirche an die Königin der Blumen dachten und sich das neu zu errichtende Gotteshaus in der Form einer erblühenden Rose wünschten: Französische Baumeister erfüllten ab 1227 den Auftrag: Die erste gotische Kathedrale auf deutschem Boden spiegelt im Grundriss die zwölfblätterige Rose (Rosa Mystica), durchwebt vom Kreuz, mit hohen Fenstern, die die Heilsgeschichte erzählen, und einem weiten Gewölbehimmel zwischen zwölf tragenden Säulen. Meisterschaft, filigrane Schönheit, Harmonie in höchster Vollendung.

Als die älteste rein gotische Kirche Deutschlands 1260 geweiht wurde, war sie die dritte auf diesem Platz, ersetzte einen hinfälligen Vorgängerbau und bildete nach wie vor den südlichen Teil einer Doppelkirchenanlage. Der nördliche Teil war die Hohe Domkirche. Doch beide Gotteshäuser – der romanische Dom und die gotische Zentralkirche, eine Form, die heute außerordentlich selten ist, erscheinen dem Betrachter noch immer als eine ganzheitliche Kirche. Doch nur beim flüchtigen Blick von außen ist das so. Im Inneren sind die Unterschiede offenkundig.

Meisterschaft, filigrane Schönheit, Harmonie in höchster Vollendung.

Unmittelbar hinter dem Westportal ist ein goldener Stern in den Boden eingelassen. Wer sich auf ihn stellt, kann von hier aus alle zwölf Säulen, auf ihnen die Abbilder der zwölf Apostel, sehen und die architektonische Schönheit der „Rose" mit ihrer kostbaren Ausstattung in einem Blick erfassen.

Sagenhafte Kunstschätze – im modernen Ambiente

Rechts im Bild: Ist diese hohe Frau die Mutter Kaiser Konstantins?

Ergebnis unendlicher Geduld

9

Museum am Dom
Windstraße 6/8
54290 Trier
Tel.: 0651 7105255
www.bistum-trier.de/museum

Das hat wohl jeder schon gemacht: Stundenlang vor einem Puzzle gerätselt. 100, 500, 1.000 Teile. Doch das war leicht, denn es gab immer eine Vorlage.

Wissenschaftler vom Dommuseum standen auch vor einer solchen Aufgabe. Aber sie war unvergleichlich! 1945/46 wurden in über drei Meter Tiefe unter dem Dom im Schutt die ersten Fragmente eines Deckengemäldes gefunden. Weitere erst später. Wahrscheinlich stammen sie aus dem Palast der Helena. Doch sicher ist nur: Es sind römische, 1.700 Jahre alt. Zusammen mit dem Fußboden handelte es sich um 75.000 Einzelteile! 25 Jahre hat es gedauert, bis alle Teile rekonstruiert, ihren Platz gefunden und aufwendig montiert waren. Eine weltweit einmalige Leistung. Nun sind sie wieder gegenwärtig in Porträts: die Frauen und Männer, um deren Personifizierung sich die Wissenschaft (noch) nicht einig werden kann. Die Dame mit dem Schmuckkästchen? Die leicht kokette Dame mit dem Spiegel? Beide sind mit einem leuchtenden Nimbus umgeben. Das zeichnet sie als „hohe Frauen" aus. Aber wer ist nun Helena?

Den Kunstfreund wird das kaum berühren. Er kann nur staunen und bewundern. Das „Constantinische Deckengemälde" ist das bedeutendste Exponat des Hauses.

Ein weltweit einmaliges Gesamtkunstwerk.

Zusammen mit dem Fußboden handelte es sich um 75.000 Einzelteile!

Doch in den lichtdurchfluteten modernen Räumen des alten Hauses wird noch mehr gezeigt. Reich ist der Bestand an Skulpturen, liturgischen Gewändern und Altargerät, an Grabmälern mehrerer Epochen. Jedes Exponat hat eine kirchengeschichtliche Bedeutung.

Abertausende Pilger nahmen dieses Abbild des Heiligen Rockes mit in alle Welt

Kostbarste Reliquie – der Heilige Rock

10

Dom St. Petrus
Liebfrauenstraße 12
54290 Trier
Tel.: 0651 9790790
www.dom-trier.de
www.dominformation.de

Das Wort bleibt. Aber seine Bedeutung ändert sich in den Jahrhunderten. Um Christi Geburt verstand man unter einem Rock ein Gewand, ein großes Stück von einem leichten Stoff, oft ohne jede Naht. Das genügte, um einen Körper zu bedecken, ihn zu schützen vor den Unbilden der Witterung. In Judäa zum Beispiel vor der Sonne und der Tageshitze. Auch Christus hat über seinem Untergewand einen solchen „Rock" getragen. Nicht anders als Tausende vor und mit ihm. In der Bibel heißt es, die Kriegsknechte hätten, als Christus gekreuzigt wurde, um den Besitz seiner Kleidungsstücke gewürfelt, sie zerteilt, aber der Rock wäre als Ganzes erhalten geblieben. Die Frage ist: Wo ist dieser Heilige Rock geblieben? Die Antwort lautet: seit dem Jahr 330 im Dom zu Trier, heute in einer eigens für ihn gebauten Heiltumskapelle. Entdeckt hat den Rock und weitere Zeugnisse des Lebens Christi die Kaiserin Helena um 326 in Jerusalem. Sie hat ihre Funde an die bedeutendsten Kirchen ihrer Zeit verteilt, und Trier gehörte zu den zehn Hauptstädten der damals bekannten Welt.

Er wird kaum mehr als drei Mal in einem Jahrhundert gezeigt.

Der Rock Christi ist eine der bedeutendsten Reliquien der römisch-katholischen Christenheit. Er wird kaum mehr als drei Mal in einem Jahrhundert gezeigt. Zuletzt im Jahre 2012.
Natürlich wurde die Echtheit des Rockes, er wird gelegentlich auch als Tunika bezeichnet, immer wieder angezweifelt. Dass ihn Christus getragen hat, kann so wenig eindeutig bewiesen werden, wie die Behauptung, das könne gar nicht sein. Was bleibt da? Glaube!

Ein Frühlingsmorgen an den Kaiserthermen

Eindrucksvolle Mauerreste künden von einstiger Größe

Kaiserliche Badewelt

11

Kaiserthermen
UNESCO Weltkulturerbe
Weimarer Allee 2
54290 Trier
www.treveris.com
www.welterbe-trier.de

Thermen – darunter versteht man heutzutage eine Badeanlage, vorzugsweise gespeist mit Wasser aus warmen Quellen. Falsch ist das nicht, aber die Römer verbanden weit mehr mit diesem Begriff. In die Thermen gingen sie zwar auch, um sich zu erfrischen, zu pflegen und einmal richtig abzuhängen. Doch ihre Anlagen waren keine „Spaßbäder", sondern auch Orte der Begegnung. Hier traf man sich zum Meinungsaustausch, hier wurde politisiert, heftig getafelt, hier wurden Pläne und Intrigen geschmiedet und Geschäfte abgeschlossen.

Es gab große und kleine Thermen, die Kaiserthermen sollten die größten im Römerreich werden – ihr Name war Programm. Konstantin, der zeitweilig von Trier aus regierte, trug nicht umsonst den Beinamen „der Große". Weil die Thermen ums Jahr 300 so anspruchsvoll entworfen wurden, sind sie auch niemals richtig fertig geworden. Man weiß nicht einmal, ob sie je in Betrieb gingen. Vielleicht hat die Nachwelt ihnen deshalb nicht allzu viel Respekt entgegengebracht. Schon unter Roms Herrschaft wurde eine Reiterkaserne draus und dann – ein Steinbruch. Die weiteren Schicksale klammern wir hier mal aus. Was nach Abbruch, mehrfacher Überbauung und Bombenhagel blieb, ist immer noch sehenswert: mächtige Mauern, unterirdische Gänge. UNESCO-Weltkulturerbe – ja. Aber nicht um „totes Gestein" irgendwie zu präsentieren, zu bewahren. Die Thermen sind heute auch Schauplatz so manchen Events und Spektakels. Anspruchsvolle Konzerte und Theateraufführungen gibt es hier aber auch.

Weil die Thermen ums Jahr 300 so anspruchsvoll entworfen wurden, sind sie auch niemals richtig fertig geworden.

Es ist alles Gold, was glänzt

Kaiser Konstantin lebte auf großem Fuß

Blicke in eine ferne Welt

12

Hinter Panzerglas schimmert die antike Welt in hellem Gold: Mehr als 2.650 Münzen zeigen in ihrem Rund 29 Kaiser. Es ist der größte erhaltene Goldschatz der gesamten Römerzeit. 84 Stücke waren bislang unbekannt. Ein Glücksfall für die Wissenschaft. Vom materiellen Wert wollen wir erst gar nicht reden. Zum „Trierer Goldschatz" kommen 2.250 weitere edle Prägungen – drei Münzanstalten arbeiteten in der Stadt. Geldstücke aus Treveris waren im ganzen Römerreich verbreitet. Wenn Trier als deutsches Zentrum der Antike gilt, so geht der Ruhm der Stadt auch auf diesen Schatz zurück.

Das Rheinische Landesmuseum ist „ein grabendes Museum", heißt es. Fast alles, was hier auf 3.500 Quadratmetern gezeigt wird, ist in den vergangenen 200 Jahren aus dem Boden geholt worden.

In mühevoller Kleinarbeit, durch gezielte Grabungen und durch Glücksumstände. Den Münzschatz riss ein Baggerfahrer 1993 aus dem Boden.

Das Leben der römische Kaiserzeit wird einsehbar in monumentalen Grabdenkmalen, Mosaiken und Wandmalereien, die einst feudale wie bürgerliche Häuser schmückten. Es ist die größte und prächtigste Sammlung jenseits der Alpen. Manches davon ist nicht einmal in Rom zu sehen oder in Pompeji.

Der Dichter Ausonius sagte 370 über die Stadt „quod vestit et alit armat" – sie kleidet, ernährt und bewaffnet. Diese Charakterisierung Triers, seit etwa 300 n. Ch. Hauptstadt des westlichen Römischen Reiches, das von Schottland bis Marokko reichte, wird hier in tausend Facetten über die Jahrhunderte sichtbar.

Rheinisches Landesmuseum

Weimarer Allee 1
54290 Trier
Tel.: 0651 97740
www.gdke.rip.de
www.landesmuseum-trier.de
www.im-reich-der-schatten.de

Manches davon ist nicht einmal in Rom zu sehen oder in Pompeji.

Die Gottesmutter im Sternenkranz auf dem Markusberg

Blick vom Fuß der Mariensäule auf Trier

Sehen und gesehen werden

13

Hotel Restaurant Zur schönen Aussicht
Markusberg 32
54293 Trier
Tel.: 0651 827260
www.zur-schoenen-aussicht-trier.de

Die Gottesmutter sieht alles und alle: die Gerechten wie die Ungerechten. In Trier fällt ihr das besonders leicht, denn sie ist überlebensgroß allgegenwärtig. Maria schaut von einer 40 Meter hohen Säule auf dem Markusberg über die ganze Stadt und hat damit den schönsten Ausblick, den es gibt. Der Berg erhebt sich auf dem linken Flussufer 300 Meter über die Mosel. Hinauf schlängelt sich ein Fußweg. Mit dem Auto kommt man auch (fast) dahin.
Maria selbst kann ebenfalls von beinahe allen Straßen und Plätzen aus gesehen werden. Am besten vom Vorplatz der Basilika. Und das aus gutem Grund. Ab 1815 herrschten die Preußen auch über Trier. Die Stadt war treu katholisch, die Hohenzollern aber ausgewiesene Protestanten, und unsensibel waren sie dazu. König Wilhelm IV. regte nicht an, nein, er befahl, die Konstantinbasilika, seit mehr als 1.000 Jahren das Symbol der katholischen Christenheit, als evangelische Kirche „Zum Erlöser" umzugestalten. Was für ein Sakrileg!

Maria selbst kann ebenfalls von beinahe allen Straßen und Plätzen aus gesehen werden.

Die Trierer Katholiken murrten, dann sammelten sie Geld für ein Mariendenkmal. Ein unübersehbares sollte es sein. Und es wurde verwirklicht. Der Bildhauer Gottfried Renn machte sich ans Werk. Seit 1866 steht die betende Maria im Sternenkranz oben auf dem Berg – ohne das Jesuskind! Dem Gottessohn wollte man wohl den Anblick der „Evangelen" und der Heiden, die sich zunehmend in den Straßen tummelten, ersparen.

Diese Früchte geben dem Volksgetränk Viez eine besondere Note

Aufklärung im Park

14

Mattheiser Weiher/ Volkspark Trier Süd
Auf der Weismark
54294 Trier
Pkw-Parkplätze
Südbad (400 m)

Wer kennt schon den Speierling? Fast nur Forstleute, Botaniker und Dendrologen wissen Bescheid. Am Mattheiser Weiher gibt's die Aufklärung mühelos, denn Besucher der Parklandschaft können diesem seltenen Baum in schönen Exemplaren begegnen. Die etwa 150 Jahre alten Gehölze stehen im Grün rund um das Kloster St. Matthias. Weil der Speierling vom Aussterben bedroht war, wurde er 1993 zum Baum des Jahres gekürt. Damals gab es in ganz Deutschland nur noch 4.000 Exemplare. Seitdem hat man begonnen, ihn wieder zu vermehren. Warum? Zum einem ist er schön. Schlank und mittelgroß schmückt er jeden Park und sich selbst im Herbst mit leuchtend gelbroten Früchten. Das würde schon genügen. Doch der Speierling bietet mehr: Er besitzt das festeste Holz aller mitteleuropäischen Bäume, man stellte einst Blasinstrumente aus ihm her. Seine Früchte aber erst! Schon im alten Trier wurde damit das Volksgetränk Viez veredelt. Und heute? Es gibt nun wieder – wie einst im Mittelalter – Liköre, Marmeladen und Gelees und sogar einen hochwertigen Essig aus Speierlingsfrüchten.

Doch der Speierling bietet mehr: Er besitzt das festeste Holz aller mitteleuropäischen Bäume …

Im Übrigen ist die Parklandschaft an den Weihern ein Tier- wie Pflanzenparadies und eine Oase für jedermann. Auf dem kleinen Mühlenweiher und den weit größeren Herrenweilern drehen Hunderte Wasservögel ihre Runden. Das tun auch die Spaziergänger auf den gepflegten Wegen. Es gibt ein paar Lokale ums Grün. Da kann man einkehren und sich überlegen: Trink ich nun einen Speierlingbrand oder lass ich es doch lieber bleiben?

Hier verlebte Karl Marx einen Teil seiner Jugend

Anleitungen zur Veränderung

15

Karl-Marx-Haus
Brückenstraße 10
54290 Trier
Tel.: 0651 970680
www.fes.de/Karl-Marx-Haus

Kaum ein Trierer lässt etwas auf Karl Marx kommen. Er sagt: Sicher, der „Vater des Kommunismus" wurde in unserer Stadt geboren, hat 17 Jahre hier gelebt, gelernt, aber das allein macht es nicht. Wichtig ist: Er schrieb bereits als junger Redakteur der „Rheinischen Zeitung" in Köln gegen die preußischen Zustände und gegen den Untertanengeist an. Beides war und ist auch uns, seit wir ab 1815 unter Preußens Herrschaft geraten sind, widerlich. Unsere Lebensart und die aller Moselaner war und ist eine ganz andere.

Die Trierer achten also Karl Marx. Sie sagen: „Unser" Marx hat eine ganze Menge zu den deutschen Missständen gesagt, geschrieben und einiges in Richtung einer sozial gerechten Welt bewegt. Und das war wohl bitter nötig. Was später aus seinen Ideen gemacht wurde, den Marxismus-Leninismus, gar den mörderischen Stalinismus, das hat er nicht zu verantworten.

Die Trierer achten also Karl Marx.

Folgerichtig beschränkt sich die Ausstellung in seinem Geburtshaus auf das Werden und Wachsen der marxschen Gesellschaftsanalyse und die Versuche des Gesellschaftskritikers, die Nichtbesitzenden für sie zu interessieren, damit sie sich organisieren und ihre Menschenwürde vertreten. Getreu seiner bekanntesten These: „Die Philosophen haben die Welt nur verschieden interpretiert. Es kommt darauf an, sie zu verändern." Über ihn selbst, seine Familie, Weggefährten und Gegner, von Erfolgen und Misserfolgen der „Arbeiterbewegung" erfährt man in 27 Ausstellungsräumen: anschaulich, umfassend und – erfreulich ideologiefrei.

„Auf's unheilige Marktreiben zu meinen Füßen schaue ich lieber nicht"

Gänse sind auch dabei

16

Petrus- oder Marktbrunnen

Hauptmarkt
54290 Trier

Niemand wird widersprechen: Der Hauptmarkt ist der schönste Platz von Trier. Nicht nur, weil rings um ihn prachtvolle Bürgerbauten stehen. Es gibt in seiner Mitte Kunstwerke von Format. Da sind das Marktkreuz und vor allem auch der Petrusbrunnen. So schlicht und eindeutig in seiner Aussage das Marktkreuz ist, so vielfältig und hintersinnig präsentiert sich dieser Brunnen. Als er 1595 errichtet wurde, waren ein paar besonders pfiffige Bürger wohl zuvor in Nürnberg gewesen und hatten sich den Tugendbrunnen in der alten freien Reichsstadt angeschaut. Der Erzbischof Johann von Schönborn, der die Rechnung für das Prachtstück bestritt, war entweder unbelesen (was nicht anzunehmen ist) oder tolerant. Jedenfalls sind auf dem kunterbunten Brunnen allerlei allegorische Figuren zu sehen, die schon damals bürgerliche Kardinaltugenden symbolisierten. Dazu kamen auch ein paar despektierliche Hinweise auf den Zustand des geistlichen Regiments. Da ist die Gestalt der Justitia (also die personifizierte Gerechtigkeit), hinter der ein Affe sein Unwesen treibt, auch sein Verfolger pfeift auf gute Sitten. Andere Figuren stehen da für das alltäglich Wünschenswerte: Temperentia für die Mäßigkeit und andere für die Weisheit und Gerechtigkeit. Der heilige Petrus, Schutzpatron der Stadt, sieht sich das alles leicht betreten an, allein die Gänse zu seinen Füßen schauen fröhlich aus. Kunststück, sie haben mit ihrem Geschnatter ja mal Rom gerettet. Trier zu schützen, dazu langt es allemal.

So schlicht und eindeutig in seiner Aussage das Marktkreuz ist, so vielfältig und hintersinnig präsentiert sich dieser Brunnen.

Splitter vom Kreuz

17

Benediktinerabtei
St. Matthias
Matthiasstraße 85
54290 Trier
Tel.: 0651 17090
Dominformation:
Tel.: 0651 9790790

„Dort sieht man eine Staurothek!", sagt der Fremdenführer. „Bitte was?", fragt der Stadtflaneur. Er denkt, er ist gebildet. Ist er auch, aber Altgriechisch spricht er nicht. Sonst wüsste er: Das Wort kommt von den Begriffen „stauros" und „thḗkē", also von Kreuz und Behältnis; verständlicher sagt man: Das ist ein Reliquiar zur Aufnahme einer Kreuzreliquie. Ein solch seltenes Heiltum befindet sich in Trier, in der Benediktinerabtei St. Matthias und die ist wiederum die älteste Kirche auf deutschem Boden. Von außen sieht man ihr das nicht an, denn auch sie wurde im Laufe der Jahrhunderte oftmals umgebaut. Die Krypta stammt aus dem 3. Jahrhundert, der Grundbau entstand etwa 1160, manches ist gotisch, alles von außen ins Auge Fallende aber sind Schöpfungen des Barock und des Rokoko. Der Baukörper aber ist nicht der Grund der Wallfahrten, die seit dem 12. Jahrhundert Gläubige aus ganz Europa nach Trier führen. Es ist das Apostelgrab, das einzige nördlich der Alpen. Hier ruhen Gebeine des Heiligen und die der ersten Trierer Bischöfe Eucharius und Valerius. Vor allem ist da die berühmte Staurothek in der Kreuzkapelle. In der wird ein Stück vom Kreuz Christi sichtbar aufbewahrt. Gläubige bekreuzigen sich, alle anderen sehen in dem Heiltum nur eines der schönsten Kunstwerke Deutschlands. Wenn man am Matthiastag, am 24. Februar, ins Gotteshaus kommt, kann es sein, dass da ein fröhliches Kind den alten Reim aufsagt: „Sankt Matthias hab' ich lieb, / denn er gibt dem Baum den Trieb."

Gläubige bekreuzigen sich, alle anderen sehen in dem Heiltum nur eines der schönsten Kunstwerke Deutschlands.

Heimkehr aus Anatolien

18

St.-Paulin-Kirche
Thebäerstraße
54292 Trier
Tel.: 0651 270850

Das Imperium Romanum war ein Reich, das (beinahe) die damalige bekannte Welt umspannte. Wer von den Machthabern „in die Wüste" geschickt wurde, der kam tatsächlich dort an. Dem späteren heiligen Paulinus ist es so ergangen. Er war Bischof der Augusta Treverorum, muckte auf dem Konzil in Arles 353 auf, das heißt: Er hielt als Einziger zu einem Kirchendissidenten und wurde – folgerichtig – verbannt. Nach Phrygien. Wo liegt denn das? In Inneranatolien, also in der heutigen Türkei. Dort ist Paulinus, eine sinnige Verkleinerung des Namens Paulus, 358 gestorben, aber schon um 400 hat man seinen Leichnam ausgegraben, heim nach Trier gebracht und ihn nicht in einer kleinen Kapelle, sondern in einer eigens für ihn gebauten großen Kirche bestattet. Die ist nicht mehr im Originalzustand erhalten, sie brannte aus, wurde aber neu erbaut und später mehrfach umgestaltet. Nur ein paar Grundmauern und die Gebeine des Heiligen haben alles überstanden. Nun ruht Paulinus in einem prächtigen Grabaltar, und die Chorfresken hat man ihm auch gewidmet.

Nun ruht Paulinus in einem prächtigen Grabaltar, und die Chorfresken hat man ihm auch gewidmet.

So sehenswert das alles ist: Noch eindrucksvoller ist die opulente Ausgestaltung des Gotteshauses! Herrlichster Barock, der an den größten „Dekorateur" des 18. Jahrhunderts erinnert, an Balthasar Neumann. Deckengemälde, kostbare Stuckaturen, Skulpturen, Tafelbilder, Hochaltar, und reich verzierte Kanzel … Über der Orgel kann man ein Gemälde studieren, das das Martyrium der Glaubenszeugen zeigt. St. Paulin: welch eine Symphonie von Form und Farbe.

Längst machen einladende Pforten die alten Mauern durchlässig

Hier kämpfte man mit Pfeil und Bogen, doch später mit Geschütz

Von wegen nur ein Dornenverhau

19

Reste der alten Stadtmauern

Ostallee
Schellenmauer
Palastgarten
Schießgraben
Amphitheater

Sich mit einer Mauer zu „gürten", war ein Privileg, das weder von den Römern, noch von den nachfolgenden Obrigkeiten jeder Stadt zugestanden wurde. Viele Gemeinwesen im Reich mussten sich mit einer Landwehr, also einem Dornenverhau begnügen. Trier nicht. Anfangs, also um Christi Geburt, war das zwar auch nicht nötig, da traute sich noch kein Vandale, kein Franke, Hunne oder Alemanne die Augusta Treverorum anzugreifen. Das änderte sich im 2. Jahrhundert. Also wurde gebaut. Solide. Hoch und anschaulich, mit Toren. Die Porta Nigra legt davon das beste Zeugnis ab. Wer um den Innenstadtring geht (aber am besten schließt man sich einer Führung an) erfährt: Es gibt Reste der römischen, der mittelalterlichen und der frühneuzeitlichen Stadtbefestigung, die bis ins 19. Jahrhundert hinein stand. Die römische war umfangreicher als die mittelalterliche. Warum? Eine Stadtmauer muss der Zahl der Männer entsprechen, die sie besetzen und verteidigen können. Damit war es um 1500 schlecht bestellt. In römischen Zeiten aber lebten hinter der Mauer etwa 80.000 Menschen! Die zahlten ihre Steuern, also war Geld da, um solide zu bauen. Die Mauer wuchs empor, sechs Meter hoch, drei Meter dick und in ihr standen auf gut sechseinhalb Kilometer Länge wenigstens 45 Türme! Viele Abschnitte sind in späteren Jahrhunderten als Steinbrüche genutzt worden. Aber was heute noch so aus dem Grün schaut, an der Schellenmauer, in der Südallee oder im Palastgarten, das kann sich sehen lassen.

Also wurde gebaut. Solide. Hoch und anschaulich, mit Toren.

Man weiß nicht, wer in diesen Sarkophagen ruht

Warten auf die Auferstehung und das ewige Leben

Blick in die Unterwelt

20

Reichsabtei St. Maximin

Maximinstraße 18 b
54290 Trier
Besichtigung: Anfragen beim Dommuseum
Tel.: 0651 9790790
www.trierer-dom.de

Dass Bauten, selbst große Anlagen, im Laufe der Jahrhunderte überarbeitet, teilweise abgerissen, wieder aufgebaut und umgewidmet werden, ist nichts Neues. Das trifft auch auf die ehemalige Reichsabtei St. Maximin zu, die einmal das größte und wichtigste Benediktinerkloster in der Stadt war. In späteren Jahrhunderten wurde aus den Anlagen unter anderem eine Kaserne, Schulen zogen ein … Die nach Zerstörungen im 17. Jahrhundert neu erbaute Abteikirche dient heute als Konzert-, Turn- und Mehrzweckhalle einer katholischen Privatschule … Wichtig ist: Der Untergrund des Gotteshauses blieb fast unberührt. Jeder Bauherr respektierte das Gebot der Totenruhe: In der Tiefe zwischen, ja direkt unter den Grundmauern befindet sich ein antikes Gräberfeld mit etwa 1.000 Sandstein-Sarkophagen. Die sind zumeist recht schlicht und stehen dicht beisammen. Wer wurde hier begraben? Manches weist auf Menschen des 2. Jahrhunderts hin, andere lebten vermutlich in frühchristlicher Zeit. Namen fehlen. Schmuck wurde gefunden, Kleidungsreste. Waren es römische Beamte? Wurden hier nur Männer bestattet oder auch Frauen? Bei Forschungen des Landesmuseums wurde unter anderem ein Grabbau aus römischer Zeit entdeckt, aber Spuren frühmittelalterlicher Tätigkeit finden sich auch an ihm. Rätsel über Rätsel. In summa Themen für die Wissenschaft und für die historisch interessierten Laien. Auch sie haben Zutritt in die „Unterwelt". Aber nur in Gruppen und mit einer amtlichen Genehmigung.

Jeder Bauherr respektierte das Gebot der Totenruhe.

Ein Himmelsglobus aus dem 17. Jahrhundert

Bücherschätze im rechten Licht

21

Stadtbibliothek Trier
Schatzkammer
Weberbach 25
54290 Trier
Tel.: 0651 7181429
www.stadtbibliothek-trier.de
www.stadtbibliothek-weberbach.de

Was kann man tun, wenn das Pferd lahmt? Den Tierarzt rufen. Heute ist das selbstverständlich. Aber im 10. Jahrhundert? Wer oder was half da? Gebete, manchmal Zaubersprüche. Sie wurden aufgeschrieben, weitergereicht und überliefert. Ein solcher äußerst seltener „Pferdesegen" gehört heute zum Besitz der Stadtbibliothek. Sie verdankt das Napoleon. Auf ihn geht die Säkularisierung der Klöster, der Verkauf ihres Besitzes als Nationalgut zurück. Nur dadurch war es möglich, all die Juwelen der Buchkultur von internationalem Rang zu erwerben. Sie werden in der „Schatzkammer" ausgestellt. Da liegt sorgfältig ausgeleuchtet, der „Codex Egberti", um das Jahr 980 im Wesentlichen in Trier geschrieben und kostbar ausgeziert. Er gehört zum Weltdokumentenerbe der UNESCO und offenbart wie andere Handschriften, unter ihnen die „Trierer Apokalypse" und das „Ada-Evangeliar" (komplett in Gold geschrieben!), die hohe Buchkunst der karolingischen und der ottonischen Epoche. Unter den Inkunabeln sticht die Gutenbergbibel hervor. Profanes ist auch dabei. Zum Beispiel der weltweit einmalige „Fischkalender" aus dem Kloster Himmerod in der Eifel. In der Schedelschen Weltchronik von 1493 ist Trier groß herausgestellt, die Trebeta-Sage, erfunden um das Jahr 1100 in der Abtei St. Matthias, erscheint hier als wahr.

Zum Beispiel der weltweit einmalige „Fischkalender" aus dem Kloster Himmerod in der Eifel.

Vor all den bibliophilen Kostbarkeiten leuchten zwei mannshohe Coronelli-Globen von 1688/1693. Auf dem Erdglobus ist bereits Australien abgebildet. Beide besaß einst der Trierer Erzbischof von Orsbeck.

Schutz und Zuspruch garantieren die Stadtpatrone allen Bürgern

Weihnachtsmarkt vor der Steipe

Rot-weißer Bürgerstolz

22

Man muss schon Trier'sch beherrschen, am besten hier geboren sein, um zu verstehen, was das Wort Steipe bedeutet. Auf Stützen kommt man nicht so leicht. Aber genau nach diesem mundartlichen Wort ist das wichtigste Haus am Markt benannt. Der um 1483 im Auftrag des Stadtrates vollendete turmartige Bau besitzt Arkaden, deren „Steipen" tragen die Fassade und das riesige Steildach über den Zinnen noch dazu.

Die Steipe war und ist wohl immer noch das Symbol bürgerlicher Stadtherrlichkeit. Hier tagte der Rat, hier saß man zu Gericht, und hier hockte die Obrigkeit in ihrer Trinkstube und beriet, wie sie sich wider die Bischofsmacht behaupten konnte. Dazu sicherte sie sich die Unterstützung der vier Stadtpatrone Jakobus der Ältere, Helena, Petrus und Paulus. Deren Anblick stimmte den Bischof froh, aber auf die Geharnischten links und rechts des ersten Geschosses, wird er nachdenklich geschaut haben. Der linke Ritter blickt zwar in Richtung Bischofssitz, doch er steht da wie ein moderner Rausschmeißer. Motto: Wer hier ins Haus darf, bestimme ich. Und erst der rechte Ritter! Der steht zwar auch dem Dom zugewandt, aber er hat sein Visier heruntergelassen und außerdem trägt er ein Schwert. Die Hand am Knauf! Nach Unterwerfung schaut der gar nicht aus.

Im Zweiten Weltkrieg wurde die Steipe vollständig zerstört, zwischen 1968 und 1970 aber historisch getreu rekonstruiert. Zum Glück hatten sich die Befürworter eines modernen Baus nicht durchgesetzt. Heute würden sie womöglich siegen.

Ratskeller Zur Steipe
Hauptmarkt 14
54290 Trier
Tel.: 0651 75052
www.ratskeller-trier.de

Zur Steipe
Restaurant und Café
Jesuitenstraße 13
54290 Trier
Tel.: 0651 94840
www.zur-steipe.de

Hier tagte der Rat, hier saß man zu Gericht, und hier hockte die Obrigkeit in ihrer Trinkstube …

Helena um 1483 – die Originalskulptur von der Steipe

Trebeta, der sagenhafte Stadtgründer, als Jongleur

Begegnungen auf Augenhöhe

23

Stadtmuseum Simeonsstift

Simeonstraße 60
54290 Trier
Tel.: 0651 7181459
www.museum-trier.de

Hier sieht man endlich mal Trebeta, den sagenhaften Stadtgründer, den Mann, der vor den erotischen Nachstellungen seiner Stiefmutter vom Assyrerreich bis an die Mosel floh. Hier konnte er aufatmen und sich im Jahr 2053 v. Chr. niederlassen. Gleich am Eingang kann man ihm ins Auge blicken. Ein monumentales Bild zeigt ihn, wie er in Herrscherpose sitzt und auf seinen Händen wie auf seinem Schoß die Bischofskirchen von Köln, Mainz und Worms hält. Die gab es vor 3.000 Jahren zwar noch nicht, aber das Bild ist ja auch erst 1684 entstanden, doch eindeutig in der Aussage: Trier ist bedeutend älter als diese Bischofssitze, sie sind uns tributpflichtig! Ganz schön kühn. Man hatte ja schon 1580 alle Ansprüche auf Reichsunmittelbarkeit begraben müssen. Das wussten die so Belehrten auch und unterwarfen sich Trier in keiner Weise. Aber es ist natürlich richtig, mit diesem doppelt anspruchsvollen Bild die Ausstellungen zur Stadtgeschichte zu beginnen. Hier geht es um die letzten fünf Jahrhunderte. Man sieht das Original des Marktkreuzes auf seiner hohen Säule. Wer die Kopie auf dem Markt gesehen hat, wundert sich – das Original schaut etwas anders aus. Das echte Kreuz hat „Tatzenpfoten" an den Außenflächen, ist also wehrhaft und nicht glatt. Den Originalen der Steipenfiguren begegnet man auf Augenhöhe. Ein ästhetischer Gewinn!

Wer die Kopie auf dem Markt gesehen hat, wundert sich – das Original schaut etwas anders aus.

Im Übrigen: Viele Sachzeugen zeigen bürgerliches Leben – Kunstschätze wie Gemälde, Plastiken und Möbel, Mode im Verlauf der Zeit und Gegenstände längst vergessener Produktion.

Einst entweiht, doch heute wieder eine schöne Kirche

Stationen eines Gotteshauses

24

Jesuitenkirche
Jesuitenstraße 13
54290 Trier
Tel.: 0651 94840
www.ps-trier.de

Über Karl Marx, den größten Trierer Sohn, wurden ganze Bibliotheken vollgeschrieben. Aber: Man muss lange blättern, um zu erfahren, dass der spätere Atheist und oft als Jude verunglimpfte Philosoph als Jüngling konfirmiert worden ist. Und demnach zuvor auch getauft. Da er in Trier aufwuchs, geschah das selbstverständlich in der für ihn zuständigen protestantischen Gemeinde und deren Pfarrkirche, die heute Jesuitenkirche genannt wird. Sie hat seit ihrer Gründung im 13. Jahrhundert eine wechselvolle Geschichte, war Gotteshaus für mancherlei Bekenntnis, gelegentlich auch Lagerraum. Bemerkenswert sind die Jahre zwischen 1789 und 1801. Da wurde aus der Kirche zur Heiligen Dreifaltigkeit über Nacht ein Dekadentempel, ein Tempel der Vernunft. Den Kult hatten sich die französischen Revolutionäre ausgedacht, die sich die Entchristianisierung des Abendlandes auf die Fahnen geschrieben hatten. Napoleon, kaum zur Macht gekommen, beendete den Spuk. Er wusste nur zu gut, dass er die Katholische Kirche auf seinem Weg nach oben durchaus brauchen konnte.

Napoleon, kaum zur Macht gekommen, beendete den Spuk.

Seit 1857 ist die Jesuitenkirche Sitz des Bischöflichen Priesterseminars. Doch jedermann kann sie betreten und sich an ihrer schlichten Schönheit freuen. Dazu gehören Gedenktafeln, die Gruft und ein Denkmal für Friedrich Spee von Langenfeld. Der Kirchenlieddichter und als „heilsmäßiger Mensch" verehrte Kämpfer gegen die Hexenverfolgung wurde 1735 hier bestattet. Und Karl Marx? An den erinnert hier nichts.

Zeuge mittelalterlicher Wehrhaftigkeit – der Frankenturm

Altes Sicherheitsbedürfnis

25

Leute, die sich zu nachtschlafender Zeit vor den Haustüren herumdrücken, gab es schon immer. Heute knutscht sich da in aller Regel nur der Kevin mit Chantale. Auch als diese Klientel noch Hans und Grete hieß, hat sich da niemand weiter dran gestört, und schon gar nicht seinen Hauseingang zehn, zwölf Meter hoch über der Gasse durchs massive Mauerwerk geführt. Die Begüterten, die so bauen ließen, hatten handfeste Gründe. Ums Jahr 1100 gab es in der Stadt ein Machtvakuum. Die Stadtmauer war in einem üblen Zustand. Teilweise stand sie nicht mehr. Solch mangelhafte Wehrhaftigkeit nutzt Diebs- und Raubgesindel. Heerhaufen schlichen sich heran. Also bauten sich die Reichsten massive Anwesen und in ihnen Wohntürme, ganz wie auf den Burgen überall im Umland. Neun dieser Wehrbauten sind nachgewiesen, aber nur drei haben die Zeiten überdauert.

Also bauten sich die Reichsten massive Anwesen und in ihnen Wohntürme

Der Frankenturm, der Turm Jerusalem und das Dreikönigenhaus. Der Frankenturm des Franco von Senheim ist noch reinste Romanik, obwohl er römische Bauweise nachahmt, also dicke Kalksteinquader und zwischen ihnen Ziegelbänder, alles unter einem Zinnenkranz. Ähnlich gebaut ist der Turm Jerusalem, der einst den Domkanonikern als Zuflucht diente. Am schönsten aber ist das Dreikönigenhaus aus dem frühen 13. Jahrhundert. In ihm lebte eine Kaufmannsfamilie offenbar so gut und sicher wie ansonsten nur die Könige im Land. Deshalb ist es auch so schön verziert. Natürlich gibt es auch eine andere Erklärung. So oder so: Es ist die reinste Augenweide.

Turm Jerusalem
Domplatz, im Hof des Palais Walderdorff
54290 Trier
Nutzung: u.a. Standesamt

Dreikönigenhaus
Simenonstraße 19
54290 Trier
nur von außen zu besichtigen, Café im Inneren

Frankenturm
Dietrichstraße
54290 Trier
Besichtigung nur mit Führung bzw. bei Veranstaltungen
Vermittlung/Buchung: Tourist-Information Trier
54290 Trier
Simeonstraße 55 (direkt an der Porta Nigra)
Tel.: 0651 978080

Triers erste Bürgerkirche – St. Gangolf

Ein Turm über dem Häusermeer

26

Kirche St. Gangolf
Hauptmarkt
54290 Trier
Tel.: 0651 170790
www.trier-info.de/stgangolf-info

Eine Kirche, die frei auf einem Platz steht – das gab es kaum in mittelalterlichen Städten. Der Raum innerhalb der Mauern war äußerst knapp, die Bürgerhäuser duckten sich im Schatten hoher Kirchenmauern. Von diesen Gotteshäusern sieht man auf den ersten Blick nichts als die Türme. Das heute seltene Bild bietet St. Gangolf, die erste Pfarrkirche der Stadt, noch immer. Sie wurde zwar vom Erzbischof Heinrich I. 958 errichtet, aber dennoch stand sie stets in Opposition zum älteren Dom. 1507 kam es zum Eklat: Zwei Witwen (gelegentlich heißt es, nur die des Bürgermeisters) stifteten viel Geld, um den Westturm um weitere zwei Geschosse unter einem spitzen Helm „aufzurüsten". Damit war er höher als der Dom! Der Erzbischof war gar nicht amüsiert. Doch er gewann – kraft ausreichender Kollekten – den Wettstreit mit den bürgerlichen Geistern. Vier Jahre später war die alte Ordnung wieder hergestellt. Vielleicht stimmt diese merkwürdige Erzählung.

Der Erzbischof war gar nicht amüsiert.

Aus der bewegten Baugeschichte des Hauses hat sich viel Sehenswertes erhalten: Maßwerksfenster aus dem 13. Jahrhundert, eine Kreuzigungsgruppe (14. Jh.) und in den Seitenschiffen eine prächtige Rokokodecke …

Betreten kann man die Kirche über einen Portalbau von 1731 und den winzigen Friedhof. Wer nach oben schaut, sieht den Patron des Gotteshauses, den streitbaren Heiligen Gangolf. Wieso die Bürger diesen Heerführer aus Burgund wählten, scheint ein Geheimnis: Er wurde von einem Priester, der seine Frau verführt hatte, ermordet.

Sichere Herberge für den Dichterfürsten

Goethe auf Kellertour

27

Ehemaliges Pfarrhaus von Sankt Gangolf
Dietrichstraße 41
54290 Trier

Mit Goethe als Besucher schmückt sich manche Stadt. Kunststück, der Dichterfürst ist viel gereist. Aber: Nicht jede Stadt kann voller Stolz aus seinen Urteilen über sie zitieren. Trier schon! Lassen wir ihn zu Wort kommen. „Die Stadt behauptet, mehr geistliche Gebäude zu besitzen als irgendeine andere von gleichem Umfang, und möchte ihr dieser Ruhm wohl kaum zu leugnen sein. Auch dem weltlichen Regiment fehlt es nicht an schönen Besitztümern, wie denn der Kurfürst von Trier auf beiden Seiten der Mosel ein herrliches Land beherrscht …"
Goethe war zweimal in Trier. Im August 1792 beim Ausmarsch der Truppen deutscher und österreichischer Monarchen zum Feldzug gegen die Soldaten der Französischen Revolution und im Oktober auf dem Rückzug nach der Niederlage. Von seinem Quartier in der Dietrichstraße hatte er über mehre Tage gute Gelegenheit, die Sehenswürdigkeiten zu erkunden. Und natürlich auch so manchen Weinkeller, denn – das weiß die Welt – er war Zeit seines Lebens ein wahrer Freund des Rebensaftes. In einem seiner Briefe steht: „Wir genossen des köstlichsten Moselweins." Ja, er hat ihm zugesprochen. Und vermutlich wollte er nach einer ordentlichen Kellerprobe auch mal ausschlafen. Aber in Trier läuten alleweil die Glocken. Ziemlich laut und lange. Aus diesen „Störungen" rührt eine nicht oft zitierte Bemerkung des Weltbürgers, Trier sei „ein altes Pfaffennest". Und dass er hier einen Moselkahn bestieg, mit dem er fast verunglückte, hat ihn auch nicht gefreut.

Und vermutlich wollte er nach einer ordentlichen Kellerprobe auch mal ausschlafen.

Seit 500 Jahren am Hauptmarkt – die Löwenapotheke

„... fragen Sie Ihren ... Apotheker"

28

Löwen-Apotheke
Hauptmarkt 6
5290 Trier
Tel.: 0651 42679

Den Schnellsprech-Fernseh-Werbe-Spruch kennt jeder Deutsche, also den, der nach dem Hinweis auf Risiken und Nebenwirkungen fordert „... fragen Sie Ihren Arzt oder Apotheker". Wie wär's, den Apotheker (wahlweise auch die Apothekerin) einmal nach dem Stauferkaiser Friedrich II. zu fragen? Ob man da die richtige Antwort bekommt, darf bezweifelt werden. Aber in der Löwenapotheke weiß man Bescheid. Schließlich ist der Mann der Gründervater dieser Offizin. Sie existiert seit 1241 und ist die älteste Apotheke in Deutschland. Jeder Pharmazeut in Europa ist Kaiser Friedrich II. zu Dank verpflichtet. Er hat den Beruf geschaffen, als er im Edikt von Salerno festschrieb, dass kein Arzt, bei Androhung von harten Strafen, eine Apotheke besitzen und Arzneien herstellen darf. Das war weitsichtig, brachte Ordnung ins Heilmittelwesen; die ganze Apothekengesetzgebung in Europa beruht auf diesem Edikt.

Sie existiert seit 1241 und ist die älteste Apotheke in Deutschland.

Die Apotheke, ursprünglich im Klosterbesitz, stand 1241 zunächst im Dombering und wurde nach ihrer Lage „Am Graben" genannt. Am Hauptmarkt residierte sie seit der Mitte des 16. Jahrhunderts als „Einhornapotheke". Erst im späten 19. Jahrhundert bekam sie ihren aktuellen Namen. Nach einigen Umbauten gehört das Haus mit seiner prachtvollen Fassade heute zu den schönsten Zeugnissen der Zeit des Übergangs von der Spätrenaissance zum Frühbarock. Leider – im Inneren erinnert nur sehr wenig an die große Vergangenheit. Kühl, hochmodern ist das Erscheinungsbild. Warum? Das fragen Sie am besten den Apotheker.

Hier zechte einst der Fürstbischof mit seinen Würdenträgern

Der heilige Jacobus schaut alleweil nach dem Rechten

Start zu einer Kellertour

29

„Ob Seidel oder Töpche / ob Kufe oder Krug / ob Flasche, Maß ob Schöppchen / man kriegt doch nie genug." Wer hat das gedichtet? Vermutlich Volkes Mund, und vielleicht hat er das hier getan – in Trier, an der Mosel. Feststeht: Damit jedermann genug bekommt, gibt es rings um die Stadt Weingüter und Schenken und in ihr zahllose Weinkeller, -kneipen, -stuben und -gärten. Wer sie alle kennenlernen will, muss ein Jahr hierbleiben. Also wo anfangen? Bei den Vereinigten Hospitien? Keine schlechte Idee. Hier wird das Wissen Dutzender Generationen bewahrt und auf den eigenen Weinbergen genutzt. Ihre Keller sind nicht nur die ältesten in der Stadt – es sind die ältesten Weinkeller in ganz Deutschland. In einem römischen Gemäuer, in den Überresten eines Lagerhauses aus dem 3. Jahrhundert n. Ch., kann man herrliche Weine verkosten. Die schmecken in diesem einzigartigem Ambiente vor allem nach einem – nach mehr. Ausgeschenkt werden VDP-Qualitäten, sie entsprechen also den strengen Regeln der Qualitätsweingüter Deutschlands. Und deren Zahl ist mit 100 begrenzt.

Also, was trinken wir? Natürlich Riesling. Der ist an der Mosel seit 1464 zu Hause. Wie wär's mit dem 2003er Serriger Schloss Saarfelser Schlossberg Riesling Auslese „Goldkapsel", edelsüß? Oder doch lieber einen trockenen Scharzhofberger, vielleicht den 2014 Piesport Schubertslay, ein „Großes Gewächs"? Das Angebot ist umfangreich, für jeden Geschmack und für jeden Geldbeutel ist etwas dabei. So soll es auch sein.

Vereinigte Hospitien

Krahnenufer 19
54290 Trier
Tel.: 0651 9450
www.vereinigte hospitien.de

Die schmecken in diesem einzigartigem Ambiente vor allem nach einem – nach mehr.

Gleich neben dem Amphitheater beginnt der Weinkulturpfad

Siebzehn Runden im Berg

30

„Du sollst nicht nur nach Weinbergslagen, auch nach dem Winzer musst du fragen, denn er geht 17 Mal, bald grad, bald krumm, das Jahr hindurch um jeden Rebstock rum." Der Winzerspruch gilt überall an Mosel, Saar und Ruwer, aber am längsten in der Region um Trier. Warum? Sie ist das älteste Weinbauland in Deutschland. Hier haben sich schon die Römer um die „Wundertropfen aus der Apotheke Gottes" gesorgt. Natürlich war ihr Weinbau nicht so ausgefeilt, ja zu einer wahren Kunst erhoben, wie der der Winzer unserer Tage. Aber immerhin: Schon dieser Wein war offenbar so trinkbar, dass die Erben Roms alle Kenntnisse sorgsam bewahrten und eigene Fähigkeiten entwickelten. Aber erst seit etwa 200 Jahren macht der Weinbau die besagte Mühe, erzwingt die 17 Arbeitsschritte, von denen im Winzerspruch die Rede ist.

Hier haben sich schon die Römer um die „Wundertropfen aus der Apotheke Gottes" gesorgt.

Wer wissen will, was alles notwendig ist, bis der Rebensaft als „Göttertropfen" im Glas funkeln kann, sollte einen Spaziergang auf dem Weinkulturpfad unternehmen. Eine leichte Sache, denn der ist keine zwei Kilometer lang und seine Gründer und Unterhalter, die Vereinigung der Trier-Olewiger Winzer e. V., haben dafür gesorgt, dass keine Fragen offenbleiben. Schautafeln informieren über Rebsorten, Klima, Boden, Rebschnitt, Technik, Düngung, Traubenlese, Most, Gärung, Kellerarbeit … Ob man allein spaziert oder mit Führung. Das Ziel ist immer gleich: ein Winzerhof. Da kann man das Ergebnis der Arbeit begutachten, denn zur Weinkultur gehört die Weinprobe. Unabdingbar.

Trierer Weinkulturpfad

Beginn am Petrisberg in der Sickingenstraße
Parkplatz am Eingang Amphitheater (400 m)
Parkplatz Spitzmühle (1,1 km)
www.trier-olewiger-winzer.de/weinkulturpfad.html

Die Mosel ist nicht nur eine wichtige Wasserstraße

… vor allem auch ein „Blaues Band“ durchs Urlaubsparadies

„grüngoldig die Mosel"

31

www.mosel.de

Der Fluss hat manches gesehen. Römische Heerscharen und fränkische Herrlichkeit. In seinen Wassern haben sich Legionäre den Staub der Feldzüge von den Füßen gespült, Händler beluden ihre Galeeren, und hier haben gekrönte Häupter von Bord ihrer Schiffe ins Land geschaut und dem Volk huldvoll gewunken. Vor gar nicht langer Zeit standen die Großherzogin von Luxemburg, General de Gaulle und der deutsche Bundespräsident gemeinsam auf den Planken. Das war 1964. Damals wurde gefeiert, dass die Mosel endlich ein Band des Friedens geworden war. Sie vereint nun drei Völker, die sich nur allzu oft bekriegten und dies künftig nie mehr tun wollen. So die Reden, und wir wollen fest glauben, dass sie mehr als wohlfeile Sonntagsreden waren.

544 Kilometer Mosel: Von den Vogesen bis zum Deutschen Eck mäandert der Strom durchs Land. Dass er fließt, kann man kaum sagen, denn er wurde mit 28 Staustufen gezähmt. Das bringt auch Vorteile. Der Strom ist nach dem Rhein die wichtigste Wasserstraße Deutschlands. Klingt sehr prosaisch, aber klar ist auch und einsehbar für jedermann: das Moseltal, die steilen Weinberge an ihren Ufern. Die Burgen sind vor allem eines: romantisch. Durch und durch. Schwer zu sagen, von wem das Lied stammt: „Hoch preis' ich mit vollem Pokale / die Heimat des köstlichen Weins! / Ich preise die Mosel im Tale / die herrliche Tochter des Rheins! / Stolz ragen die Burgen und grüßen / und reden von uralter Zeit / grüngoldig die Mosel zu Füßen / im ewigen Jugendkleid!"

Dass er fließt, kann man kaum sagen, denn er wurde mit 28 Staustufen gezähmt.

Früher Sommermorgen: Noch liegt Triers „Weiße Flotte“ an der Leine

Schiffskarten? Waaas? Wichtiger ist: Wo gibt’s denn die Tickets?

„Maria von Beilstein" und so weiter

32

„Eine Seefahrt, die ist lustig …" Tatsächlich, man spielt diesen Gassenhauer auch hier. Wieso? Der Fluss ist nicht die weite See und die „Dampfer" sind brave, moderne Motorschiffe. Da muss niemand über die Reling „spucken". Nichts wackelt. Alles ist „landrattentauglich". Der guten Laune auf „See" steht nichts entgegen auf den 16 Fahrgastschiffen, die in Trier ihren Heimathafen haben. Sie tragen so schöne Namen wie „Gräfin Loretta", „Maria von Beilstein" oder „Mosella". Natürlich gibt es auch eine „Hanseatic" (wegen der Seefahrt) und – das versteht sich wohl von selbst – auch die „Wappen von Trier". Los geht es dicht an der Römerbrücke, mal stromauf und mal stromab. Die Richtung ist nicht so wichtig. Ob Stundenrundfahrt oder zwei Stunden-, Halbtags- oder Ganztagsfahrten, „bloß" mal hoch nach Saarburg oder gleich bis runter nach Bernkastel-Kues: Schön ist es überall. Andere Angebote heißen Eventfahrt, Feuerwerksfahrt, Moonlight-River-Cruises, Glühweinfahrt oder Bootstour im Advent. Dazu kommt die große Silvesterfahrt mit Gala-Buffet. Man sieht: Auf der Mosel wird auch im Winter geschippert. Das ist hier schließlich nicht die Oberelbe. Und deshalb gibt's an Bord auch keine sächsischen Quarkkäulchen, sondern zu den berühmten „gepflegten Getränken" allerlei Gaumenschmaus à la carte. Selbstredend Moselwein. Aber, wer sein Fahrrad mit an Bord hat, um von irgendwo zurückzustrampeln, sollte sich diesen Genuss gut überlegen. Auch der Mosel-Radweg kann sich hinziehen.

Auf der Mosel wird auch im Winter geschippert.

Personenschifffahrt Kolb
Anlegestelle: Stadthafen Zurlaubener Ufer

Karten:
Georg-Schmitt-Platz 2
54292Trier
Tel.: 0651 6666
www.moselrundfahrten.de
und bei der Tourist-Information
Simeonstraße 55
(direkt an der Porta Nigra)
54290 Trier
Tel.: 0651 978080
www.trier-info.de

Kein Sternenkämpfer – das ist der „Turm Luxemburg", Baujahr 2004

Von oben herab

33

Naherholungsgebiet Petrisberg
Mit einem 8 Kilometer langen Naturerlebnispfad, vier Spielplätzen und Skatepark

Ein sagenhaftes Gelände! Von seinem Umfang her, von seiner Geschichte und – das vor allem – von den Legenden, die erzählt werden. Vom Petrisberg aus, dem populärstem Aussichtspunkt der Stadt, soll Franz von Sickingen Trier beschossen haben. Das stimmt wohl kaum; um 1522 reichte keine Kanone so weit. Belegt ist, dass hier oben, gut 100 Meter über dem Häusermeer, lange vor der Stadtgründung, ein Militärlager der Römer gestanden hat. Damals besaß der Berg noch keinen Namen. Später nannte man ihn Martinsberg, also nach einem Heiligen. Der Name Petrisberg aber geht nicht auf einen Gottesmann zurück. Petris hieß ein Gutsbesitzer, der hier oben 1822 seine Äcker pflügen ließ. Merkwürdige Namensgebung, wenigstens in Trier. Da wurde also gepflügt. Römisches kam zu Vorschein, aber nichts, was auf den Königssohn Trebeta verweisen konnte. Der soll um 810 v. Chr. hier angekommen sein, Trier gegründet haben und auf dem Berg begraben liegen. Eine populäre Sage. Und sonst? Bald zweitausend Jahre nach den Römern regierte wieder Militär auf dem Berg. Hier wurde in der Nazizeit ein Gefangenenlager eingerichtet. In dem saß unter anderem Jean-Paul Sartre ein. Und jetzt? Längst wurde entmilitarisiert. Nun steht ein Fernmeldeturm im Gelände, und ringsumher dehnt sich ein Wohngebiet. Eine schöne Lage, auf der 2004 die Landesgartenschau stattfand. Die hat so manches Baudenkmal hinterlassen, darunter den Turm Luxemburg. Die Kapelle „Zum Kreuzchen" – Endpunkt eines Kreuzweges – aber entstand schon 1844.

Petris hieß ein Gutsbesitzer, der hier oben 1822 seine Äcker pflügen ließ.

Jahrhunderte am Ort: Erinnerung an eine römische Kaufmannsfamilie

Wunder in Sandstein

34

Es ist unglaublich: Da steht dicht an der Mosel, in der flussaufwärts nur neun Kilometer entfernten Gemeinde Igel, seit fast 1.800 Jahren ein 23 Meter hohes Denkmal aus rotem Sandstein: die Igeler Säule. Während all der kriegerischen Ereignisse, unter denen Trier und das Moselland immer wieder zu leiden hatten, sind unzählige Heerhaufen hier vorbeigezogen. Tausende Legionäre Roms, Soldaten beinahe aller Länder Europas haben durch die Jahrhunderte hindurch in ihrem Schatten gerastet. Und jeder, aber auch jeder hat ehrfürchtig auf dieses Kunstwerk geschaut und es nicht beschädigt, geschweige denn zerstört. Es ist ein wahres Wunder.

Igeler Säule
UNESCO Weltkulturerbe
Touristeninformationszentrum
Trierer Straße
54298 Igel
Tel.: 06501 602666

Die Igler Säule ist das größte römische Pfeilergrab nördlich der Alpen und es beweist, dass die Augusta Treverorum um 250 n. Chr. in wirtschaftlicher und kultureller Blüte stand. Anders ist kaum zu erklären, dass die Tuchhändlerfamilie der Secundinier sich ein Kunstwerk leisten konnte, das eines Cäsaren würdig war. Die Flächen der quadratischen Säule tragen einen reichen Bildschmuck. Zu sehen sind Szenen aus dem Leben der Tuchhändler, aber auch mythologische Motive. Ursprünglich waren sie farbig. Wer das nachvollziehen will: Im Rheinischen Landesmuseum steht eine farblich stimmige Rekonstruktion. Es gibt auch wesentlich kleinere Repliken.

Und jeder, aber auch jeder hat ehrfürchtig auf dieses Kunstwerk geschaut und es nicht beschädigt, geschweige denn zerstört.

Die ersten wurden bereits 1829 hergestellt. Goethe, der sich bewundernd über die Säule geäußert hat, erhielt ein erstes Exemplar. Das befindet sich noch heute im Haus am Frauenplan in Weimar.

Kurios vereint: DDR-Münze von 1983 – Briefmarke der BRD von 1991

Trierer Notgeld aus dem Jahr 1919

Rauschebart, ganz in Dunkelrot

35

Verein der Trierer Münzfreunde e.V.

Redaktion des Petermännchen-Verlags
Sudetenstraße 3
54295 Trier
Tel.: 0651 33963
www.muenzfreunde-trier.de

Mit welcher Arbeit beginnt die Geschichte der Menschheit? Mit Sammeln und Jagen. Gejagt wird noch immer. Nicht nur auf der Autobahn. Und gesammelt wird heftig, auch wenn es nur neue „Freunde" bei Facebook sind. Grundsolide geht es aber auch. Weder die Philatelie noch die gute alte Numismatik sind tot. Ums Niveau kümmert sich „Vater Staat", der deutsche und auch mancher andere. Trier wird da – zum Glück – nicht ausgelassen. Die Steipe, die Porta Nigra und das Marktkreuz traten auf deutschen Briefmarken millionenfach ihre Reisen in die Welt an. Auf anderen ist der Heilige Rock zu sehen, der, wenn er ausgestellt wird, allemal Millionen Menschen anzieht.

Postwertzeichen mit dem Porträt des berühmtesten Trierer Bürgers, mit Karl Marx, sind Legion. Gedruckt in Deutschland und auf allen Kontinenten. 1983 warf Nicaragua gleich zwei Motive auf den Markt. Auf einem sieht man den jungen Philosophen vor dem Panorama der Stadt. Die deutsche Marke von 1968 zeigt den Rauschebart (natürlich in Dunkelrot) als 30-Pfennig-Wert; mehr kostete damals ein Brief nicht.

Die Steipe, die Porta Nigra und das Marktkreuz traten auf deutschen Briefmarken millionenfach ihre Reisen in die Welt an.

Und die Münzen-und Medaillensammler? Natürlich wird an sie gedacht. 2009 erschien eine 100-Euro-Goldprägung; im Münzrund finden sich in drangvoller Enge alle acht Welterbestätten der Stadt. Dabei soll es nicht bleiben. Fürs Jahr 2018 ist ein Zwei-Euro-Stück geplant. Auflage 30 Millionen. Motiv: die Porta Nigra. 2018? Vor dann 99 Jahren gab es in Trier Notmünzen mit Motiven der berühmten Bauten. Hoffentlich ist das kein böses Omen.

„Kunst“ an der Schauwand des Theaters

… und an der Fußgängerunterführung zu den Moselauen

Kunst oder Nichtkunst?

36

„Ist das Kunst, oder kann das weg?" Die naive Frage einer Putzfrau dürfte es bis in den Büchmann schaffen, in die berühmte Sammlung der geflügelten Worte. Also: Kunst oder Nichtkunst? Das ist eine Frage des Geschmacks. Diskutieren kann man, aber bitte doch „ergebnisoffen". Was ist mit Graffiti? Dem einen sind sie hohe Kunst, dem anderen Sachbeschädigung. Ja, was denn nun. Salomonisch antwortet der, der sagt: Kommt darauf an. Graffiti können durchaus Kunst sein, legale Kunst zumal, gelegentlich trifft es sogar auf illegale zu.

In Trier tobte über Jahre ein verbissener Kampf. Was tun gegen die Verschandelung der Stadt durch wilde Schmierereien? Was tun, um denen, die tatsächlich Sehenswertes schaffen, Raum zu geben? Am Ende stand ein Kompromiss: konsequenter Kampf gegen die Illegalen und Förderung der legalen Sprayer-Szene. Heute gibt es in der Stadt acht Flächen, die – nach Voranmeldung bei der zuständigen Behörde – besprüht werden dürfen. Natürlich hagelt es allemal Kritik. So ist bei Facebook zu lesen: „wo liegt die kunst des graffiti wenn's erlaubt is? is doch nicer wenn über nacht an irgendeiner Fassade ein gemälde entsteht, das die leute vorbei gehen und sich denken: scheiß die wand an, das war gestern nich hier."

Die berühmteste unter allen Wänden ist die „Wall of Fame" von Trier, die Nordwand des Exzellenzhauses, und zugegeben: Ausdrucksstärker, farbenfroher sind die Vorbilder in New York auch nicht. Motto: „Graffiti sind kein Kampf, sondern Kommunikation."

Salomonisch antwortet der, der sagt: Kommt darauf an.

Legale Graffitiflächen im Stadtgebiet

Fußgängerunterführung an den Moselauen
Fußgängerunterführung an den Kaiserthermen
Nordwand des Exzellenzhauses, Zurmaier Straße 114
Spielplatz Leoplatz/Trier-Süd
Eisenbahnunterführung Kürenzer Straße/Schönbornstraße
Unterführung Martinsufer/Ausonius Straße
Zurmaiener Straße (Unterführung Cusanushaus)
Konrad-Adenauer-Brücke

Wohin das Auge schaut: Reben, Reben, Reben

„Augenscheiner" und „Marienholz"

37

Weinbauorte

www.moseltouren.de/1-trier-bernkastel-kues/1-01-trier

„Der Boden ist der Vater des Weins, der Rebstock seine Mutter und das Wetter sein Schicksal." Der Winzerspruch beruht auf der Erfahrung unzähliger Generationen. „Mutter" und „Wetter"... Bleiben wir mal beim „Vater", also beim Boden. Fraglos ist er in der Moselregion von ganz besonderer Art. Tonschiefer aus dem Devon überwiegt. Er speichert auf den Steillagen (bis zu 45 Grad!) die Wärme ausgezeichnet. Wenn er verwittert, setzt er viele Mineralien frei, die von den Reben aufgenommen werden. Das liebt der Riesling, der große Klassiker, die Nummer Eins in Deutschland und das Aushängeschild des deutschen Weins.

Es gibt 229 Weinbauorte an der Mosel (einschließlich der in Frankreich und in Luxemburg) und rund 4.000 Winzerbetriebe. Aber die Anbaufläche in Deutschland, 8.880 Hektar, ist unangefochten die größte und – das ist nicht nur dem Lokalpatriotismus geschuldet: Hier, nicht zuletzt direkt um Trier, wächst der begehrteste Rebensaft. Das gibt es wohl in keinem deutsche Stadtgebiet: 31 Weinlagen erstrecken sich über knapp 380 Hektar! Alle tragen klangvolle Namen. Da gibt es die Lagen „Rotlay" und „Herrenberg", das „Felsköpfchen", den „Kurfürstenhofberg" und den „Benediktinerberg", den „Augenscheiner", das „Marienholz" und den „Maximiner". Viele Lagen kann man zu Fuß erkunden und dabei die Arbeit der Winzer kennenlernen. Dabei gewinnt man manche Einsicht. Vielleicht sogar eine von Martin Luther auf den Punkt gebrachte Erkenntnis: „Bier ist Menschenwerk. Wein ist von Gott."

Hier, nicht zuletzt direkt um Trier, wächst der begehrteste Rebensaft.

Dessertempfehlung
THEO
DIE WIRTSCHAFT AN DER PORTA

„Rivelches Zopp"

38

„Liebe geht durch den Magen." Jedenfalls die dauerhafte. Die Liebe zu einer Stadt hängt zwar nicht unbedingt am Essen, aber schmecken sollte es schon, und der Eine oder die Andere braucht auch mal eine Anregung für den heimischen Kochtopf. Was also gibt es so an typischen Gerichten in der Stadt? Mehr als man denkt. Zum klassischen Menü gehört als Vorspeise „Rivelches Zopp". Die hat etwas zu tun mit Eiern, Mehl und Salz, die miteinander durchgeknetet werden; was da entsteht, heißt Rivelchen. Die werden in heiße Milch „verkrümmelt". Das schmeckt schon mal ganz gut, vorausgesetzt man streuselt etwas Zucker drüber. Wer's herzhaft liebt, bestellt „Schnibbelches Bohnesupp", da ist Fleisch drin, dazu Essig und Frühlingszwiebeln und viel frische Kräuter.

Als Hauptgang eignen sich zum Beispiel „Saure Stambes", die herzustellen ist ein Kinderspiel, aber in den ausgebackenen Pfannkuchenteig (Mehl, Eier, Salz …) wird gesäuertes Kartoffelpüree gewickelt. Richtig schmeckt das aber nur mit Feldsalat, der heißt hier „Mausohrsalat", er wird mit Roter Bete vermischt und mit einer Soße aus Öl, Essig, Salz, Pfeffer Zwiebel serviert. Und: „Liegt oben ein Löffelchen quer / gibt es sicher noch Dessert." Richtig. Viezpudding. Auch das geht flott. Ein Päckchen Vanillepudding wird mit Zucker und Sahne in Viez gerührt (also in sauren Apfelwein). Und wo gibt's das? Na (fast) überall zwischen Porta Nigra und Basilika. Außerdem kann man fürs Ausprobieren am eigenen Herd Rezeptbücher kaufen.

Das schmeckt schon mal ganz gut, vorausgesetzt man streuselt etwas Zucker drüber.

Zur Steipe

Restaurant und Café
Jesuitenstraße 13
54290 Trier
Tel.: 0651 1455456
www.zur-steipe.de

Theo – Die Wirtschaft an der Porta

Simeonstraße 59
54290 Trier
Tel.: 0651 44888
www.schriftlich.de/theo
www.trier-info.de/trierer-rezepte

Im Sommer ein Anziehungspunkt

… im Winter nicht minder

Vom Korn zum Granit

39

Kornmarkt
54290 Trier

Ein Markt verdankt seinen Namen der Ware, die auf ihm gehandelt wird. Der 1746 geschaffene Kornmarkt also dem Brotgetreide. Der Grund: Die Moselschiffer mussten ihre Ware vor dem Weiterverkauf zunächst der Stadt anbieten, ihre Kornsäcke also hier stapeln. Dieser „mittelalterliche" Handel wurde bald liberalisiert, was den Platz nicht überflüssig machte. Im Gegenteil. Er wurde nicht mit Wohngebäuden zugestellt, sondern zum Aushängeschild des aufstrebenden Trier. Im 19. Jahrhundert räumte man alles Alte weg. Auf der Westseite entstand ein Schloss. Das glaubt man auf den ersten Blick. Aber: Es handelte sich „nur" um die kaiserliche Oberpostdirektion, doch von der ging weit mehr Macht aus, als je ein Stadtadliger in seinen Händen hielt. Und die Kasinogesellschaft erst! Sie ließ einen Bau errichten, der sich optisch deutlich von den „Kaiserlichen" abgrenzte. In ihr waren nämlich die liberalen Bürger vereint, also die, die den Preußen kritisch gegenüberstanden. Männer wie Heinrich Marx, der Vater des berühmten Philosophen, gaben hier den Ton an. Ob sie immer mal zum Georgsbrunnen hinübergeschaut und sich bei ihren Geschäften den Beistand des Heiligen erbeten haben, ist nicht bekannt. Offenkundig ist, dass der Platz immer weiter verschönt wurde. Es gibt Bäume, ja eine richtige kleine Parkanlage. 2003 wurden, damit alles sauber bleibt, Granitplatten verlegt. 15.000 Stück. Jede wiegt 100 Kilogramm. So viel haben die Kornsäcke wahrscheinlich selten auf die Waage gebracht.

Offenkundig ist, dass der Platz immer weiter verschönt wurde.

Zweifelsfrei: Hinter der Fassade wird viel Neues ausprobiert

„Melting Pot" Tufa

40

Wohin am Abend, wenn es einmal nicht die „Hochkultur" sein soll? Alternativen gibt es einige. Gute und weniger gute. Die absolute trägt den etwas merkwürdigen Namen „Tuchfabrik". Dahin kann man gehen, und man wird immer etwas finden. Tuchfabrik sagt freilich kein Trierer zu diesem Kunst- und Musentempel. Für ihn heißt dieses Haus kurz und bündig Tufa. Das ist das Kürzel für die ruinöse Fabrik, der 1985 mit dem erstem soziokulturellen Zentrum Deutschlands neues Leben eingehaucht wurde. Dass dieses Beispiel binnen Kurzem überall im Lande Schule machte, soll nicht verschwiegen werden. Unter dem Dach der Tufa taten sich zwei Dutzend Vereine zusammen. Sie managen seitdem diesen Drei-Generationen „Melting Pot" (neudeutsch für Schmelztiegel) mit Harmonie, mit Meinungsstreit und meistens mit beachtlichem Erfolg.

Im Haus gibt es (fast) nichts, was es nicht gibt in der „freien Szene", also in der Laienkultur. Klangkunst-Festivals, Ausstellungen aller Kunstgattungen, avantgardistische Konzerte, klassische natürlich auch, Theateraufführungen, Ateliers für angehende Maler, Grafiker und Fotografen, Kreativzirkel für Schüler, Workshops aller Art. Dass eine Künstlerkneipe ihre Türen offen hält, versteht sich. 2014 wurde eine Jazzoper produziert, 160 Akteure spielten, sangen, tanzten sich ins Herz des Publikums. Pro Jahr kommen rund 70.000 Leute ins Haus. Um mitzumachen, zu gestalten oder nur – wie die Touristen – locker und frei von allen Konventionen, mit Herz und Sinnen zu genießen.

Tufa
Wechselstraße 4
54290 Trier
Tel.: 0651 7182410
www.tufa-trier.de

Im Haus gibt es (fast) nichts, was es nicht gibt in der „freien Szene", also in der Laienkultur.

„Jeder nach seinen Fähigkeiten, jedem nach seinen Bedürfnissen" (Marx)

Zügig durch die Zwergenparade

Marxmännchen

41

Karl-Marx-Haus
Brückenstraße 10
54290 Trier
Tel.: 0651 970680
www.fes.de/Karl-Marx-Haus

Von den Trierern heißt es, sie könnten in ihrem Zorn schon mal fünf Zentner wiegen. Mag sein. Ich glaube, sie sind auch tolerant und heiteren Gemüts, auf alle Fälle souverän. Beispiel gefällig?
Als der Aktionskünstler Ottmar Hörl 2010 sich nach Adolf Hitler den großen Reformator Martin Luther vornahm und ihn als bunten Plastikzwerg den Wittenbergern in 800-facher Ausfertigung auf den Markt stellte, erhob sich ein Proteststurm. Deutschlandweit, ja fast global. 2013 wiederholte der Polithandwerker Hörl sein „Kunststück" in Trier. Doch diesmal regte sich kaum ein Lüftchen. An der Porta Nigra standen 500 Zwerge, gedrungen und – allesamt mit dem Gesicht von Karl Marx. Nicht nur der bekannte Rauschebart leuchtete in vier Varianten rot, nein das gesamte nur einen Meter hohe Männchen schaute aus, wie frisch mit Nagellack bemalt.
Die Trierer lächelten nur verhalten über den eigenartigen Umgang mit dem großen Sohn ihrer Stadt. Sollte diese Installation zum Nachdenken anregen über den Marxismus und auf die vielfältigen Möglichkeiten hinweisen, ihn auszulegen? Oder was? Sie bummelten die Einkaufsmeile hoch und taten, was sie dort am liebsten tun: shoppen. In Wittenberg verkaufte Hörl fast alle seine Lutherzwerge. In Trier wurden ihm zahlreiche geklaut, aber er nahm auch etwas ein. Das Karl-Marx-Haus erwarb ein Marxmännchen und stellte es sich in den Garten. Da steht der Geistesriese, kleingerechnet, in der Gartenfront, und die verwunderten Blicke der Besucher prallen von ihm ab.

An der Porta Nigra standen 500 Gartenzwerge, klein, gedrungen und – allesamt mit dem Gesicht von Karl Marx.

Auf diesen Hängen reifen edle Reben

So weit das Auge reicht dehnt sich das Weinbauland

Einmal in die Nähe schweifen

42

Das muss auch mal gesagt werden: Trier ist eine tolle Stadt. Aber sie hat auch eine Umgebung, die das gleiche Prädikat verdient. Beweis gefällig? 2015 wandte sich die Deutsche Zentrale für Tourismus mit einer groß angelegten Umfrage an Touristen aus 40 Ländern, an Reiselustige, die Deutschland schon einmal besucht haben bzw. die sich das für den nächsten Urlaub vorgenommen haben. Ergebnis: Das Moseltal landete unter den Top 100 auf Platz 15 der beliebtesten Sehenswürdigkeiten. Noch vor der Loreley, der Altstadt von Dresden oder der Speicherstadt in Hamburg! Allerhand – und wiederum auch nicht. Das Land an der Mosel bietet eine Vielfalt sondergleichen: ob Weinliebhaber, Wanderer, Radfahrer oder Kanute, Freund alter Burgen, anmutiger Fachwerkstädtchen, lebendiger Märkte und Traditionen, Musikfestivals und, und, und … Von Trier aus ist man jederzeit recht schnell an dem „Tatort", zu dem es einen eben zieht. Nicht zu vergessen: Die Römer hinterließen auch hier viele Spuren. Nur ein paar Kilometer moselabwärts gibt es Tempelanlagen und Grabstätten, Archäologieparks, rekonstruierte Bauernhöfe und römische Villen, Bergwerksstollen und Wasserleitungen. Und natürlich antike Kelteranlagen. Also wieder mal der Rebensaft! Von Schweich aus, nur einen Katzensprung von Trier entfernt, kann man auf der Römischen Weinstraße wandern, sich bilden, aber eben auch zu jeder Jahreszeit in Weinschenken und Probierstuben „Göttertropfen" (nebst „Zubiss") genießen. Beides ist an der Mosel untrennbar verbunden.

Tourist-Information Römische Weinstraße
Brückenstraße 46
54338 Schweich
Tel.: 06502 93380
www.roemische-weinstrasse.de

Das Moseltal landete unter den Top 100 auf Platz 15 der beliebtesten Sehenswürdigkeiten.

Allerlei Treibstoff im Angebot: Diesel, Benzin und … Moselwein

An der Landesgrenze – erst mal stopp

43

Grenzübergang A 1 oder B 49

Wasserbillig ab Stadtmitte etwa 15 Kilometer

Ein paar Tage in Tier urlauben und dann nicht mal fix nach Luxemburg fahren? Das geht gar nicht. Also um die 20 Kilometer, oben auf der Autobahn oder unten an der Mosel rollen. Offene Grenze. Stopp, erst mal tanken, schließlich ist der Sprit hier ständig um die 20 Cent billiger. Die Luxemburger schauen sich das Treiben lächelnd an. Diese „Preissen" aber auch! Ja, so nennen sie alle Deutschen, auch wenn da einer mit Seppelhose und einem M am BMW vorfährt. Dabei hätten sie durchaus Grund, den Preußen böse zu sein. Schließlich haben die aus ihrem Land zwischen 1815 und 1867 eine regelrechte Festung gemacht, 1914 sind sie wieder einmarschiert und 1940 auch ... Aber: Die Luxemburger sind zu allen „Fremden" freundlich, nur wenn sich einer mal so richtig danebenbenimmt heißt es: „Du mengs et wir nach wéi bei de Preisen!" Das kann man verstehen, denn Lëtzebuerg'sch ist dem Deutschen doch recht ähnlich. Dennoch aber gilt: „Mir wölle bleiwe, wat mir sin." Das wird auch respektiert. Ungeachtet plurio.net – dem ersten grenzüberschreitendem Kulturportal in Europa, auch des Städtenetzwerkes Quattro Pole, in dem Luxemburg, Metz, Saarbrücken und Trier eng zusammenarbeiten, und der EuRegio: Saar-Lor-Lux, also der Organisation im Mehrländereck, in dem vor allem Verwaltungen zusammenwirken.

Dabei hätten sie durchaus Grund, den Preußen böse zu sein.

Vergessen wir mal das mit dem Sprit. Man sollte noch weitere 20 Kilometer fahren und sich in der Hauptstadt Luxemburg umschauen. Sie ist ganz anders als Trier. Interessant und sehenswert aber allemal.

44 Vortreffliche Lage ohne Vorbild

Beste Aussicht auf die Stadt

Vom Petrisberg im Süden oder dem Markusberg über dem linken Moselufer (Plattform unterhalb der Mariensäule)

Seit Rom 753 v. Chr. auf sieben Hügeln erbaut wurde, legten andere Gründer ihre künftige Stadt natürlich auch auf sieben Hügeln an. Trier stand aber bereits um 2.053 v. Ch.! Zu dieser Zeit gab's für eine solche „vorbildhafte" Wahl keinen Grund. **Wir nehmen die Talweite der Mosel, sagten sich die Treverer**, denn der Spruch „Wo Berge sind, ist Gott; auf dem platten Land hauset der Teufel" war noch nicht im Umlauf. Die Lage hat sich bewährt. Dass die Treverer rasch die umliegenden Hügelchen und bald auch die Berge auf dem linken Ufer bebauten, liegt an ihrer Tüchtigkeit. Und die braucht allemal Raum.

Blick vom Südosten über die Stadt

Doppelte Symbolik

45

Als Erzbischof Heinrich 958 auf dem eben geschaffenen zentralen Handelsplatz das Marktkreuz aufrichten ließ, verstand noch jeder die doppelte Symbolik. Was das Kreuz bedeutet, wird auch heute noch jeder wissen. **Aber was ist mit dem Lamm?** Hier steht es im Mittelpunkt, und es trägt eine Fahne. Das Lamm steht stellvertretend für Christus und die Fahne für seinen Triumph. Auf Trier bezogen hieß das: Der Erzbischof ist hier der Herr. Er ist der Triumphator! Die Stadt untersteht ihm auf Gedeih und Verderb. Heute sitzen zu Füßen des Marktkreuzes oft junge Leute. Wie viele von ihnen sind getauft …

Marktkreuz

Hauptmarkt
54290 Trier

Die Sonnenuhr am Marktkreuz leistet seit 1.000 Jahren ihren Dienst

46 Bürgersinn – die Trier-Gesellschaft

Trier-Gesellschaft e. V.
Theodor-Heuss-Allee 1
54292 Trier
Tel.: 0651 84665
www.trier-gesellschaft.de

„Vater Staat" zieht sich aus der Finanzierung der Kultur vorsichtig zurück. Zu tun bleibt aber dennoch viel. Was nun? Schon 1982 gründete sich die Trier-Gesellschaft. Ihre rund 500 Mitglieder fördern den Erhalt der Bau- und Kunstdenkmale. Sie haben in über 30 Jahren gut 1,5 Millionen Euro an Spendengeldern gesammelt und sinnvoll investiert. Dass das Portal zur Gangolfkirche, der Balduinbrunnen, der Frankenturm und weitere 97 Kleinode in der Stadt im alten, neuen Glanz erstrahlen, ist ihr zu danken. Triers Bürgersinn strahlt aus. Schön, dass sich manche Stadt im Land an ihm ein Beispiel nimmt.

Viele Restaurierungen wären ohne die Triergesellschaft nicht möglich

Rutschpartie

47

Wenn eine Familie aus rein touristischem Interesse den Dom besuchen will, dürfen die „lieben Kleinen" auch schon mal draußen bleiben. Sie werden sich nicht langweilen. Direkt neben dem Haupteingang liegt seit über 1.000 Jahren der Rest einer riesigen antiken Säule. Das ist der Domstein. Nach einem Großbrand schien er den Baumeistern nicht mehr tragfähig genug. **Also raus mit ihm.** Da er aber um die vier Meter lang ist und gute 20 Tonnen wiegt, hatte man wenig Lust, ihn fortzuschaffen. Zur Freude der Kinder. Die rutschen seitdem begeistert auf dem Ungetüm herum. Das ist ganz blank von hunderttausend Hosenböden.

Dom St. Petrus

Liebfrauenstraße 12
54290 Trier
Tel.: 0651 9790790
www.dom-trier.de
www.dominformation.de

Krabbelspaß und Rutschvergnügen

48 Erinnerung an Badefreuden

Barbarathermen
UNESCO Weltkulturerbe
Friedrich-Wilhelm-Straße
54290 Trier
www.trier.de

Obwohl die Barbarathermen die viertgrößte Badeanlage im ganzen Römischen Reich waren, stehen sie doch im Schatten der Kaiserthermen. Dabei waren sie, im Unterschied zu diesen, seit der Mitte des 2. Jahrhunderts fast dreihundert Jahre in Betrieb. In ihren Wassern aalten sich die Sieger über Rom noch anfangs des 5. Jahrhunderts. **Dann schlug auch ihre Stunde.** Jesuiten bauten 1611 in der Ruine ein Kolleg, das passte einem französischen General nicht. Er sprengte wenig später alles in die Luft. Die unterirdischen Gänge blieben, wie sie waren. Und die kann man – teilweise – heute noch besichtigen.

Die größte Badeanlage außerhalb Roms lag in Trier

Menagerie in heiligen Hallen

49

Kinder zu einer Besichtigung des Domes mitnehmen? Ja, denn sie werden ihre helle Freude haben. Vorausgesetzt, sie lieben Tiere. Aber welches Kind liebt sie nicht. Die mittelalterlichen Steinmetze (und auch neuzeitliche Künstler) haben fast einhundert von ihnen lebensnah in den Stein geschlagen. **Da sind possierliche Affen, Fische, Pferde und Kamele, Löwen, Adler, Schwäne, Schlangen und Tauben zu sehen.** Neben Fabelwesen gibt es Lämmer, Esel und Ochsen. Sogar die Kirchen-Mäuse fehlen nicht. Und die sehen gar nicht arm aus! Wetten, dass kein Kind fragen wird: „Mutti, wann gehen wir wieder hinaus?"

Dom St. Petrus
UNESCO Weltkulturerbe
Liebfrauenstraße 12
54290 Trier
Tel.: 0651 9790790
www.dom-trier.de
www.dominformation.de

Kinderrätselspaß: Kletteraffe oder Eichhörnchen?

50 Anleihe aus Paris

Eisernes Haus
Karl-Marx-Straße 43
54290 Trier

Mitten in der Häuserzeile steht ein Gebäude, das man hier nicht vermuten würde. Es ist (fast) ganz aus Eisen erbaut und einmalig in der Stadt. Wer war hier am Werk und woher wurde die Idee genommen? Urheber ist der Schlossermeister Johann Wehlen. Der war wohl 1889 nach Paris gereist, um sich die Weltausstellung in den Riesenpavillons anzuschauen, vor allem den Eiffelturm, der da eröffnet worden war. **Hier wie da: alles Gusseisen von der feinsten Art.** Heimgekehrt an die Mosel hat er sich ans Werk gemacht. Schon 1890 war sein Haus vollendet. Es ist noch immer ein Hingucker der besonderen Art.

Steht nicht in Paris, aber seit mehr als hundert Jahren hier am Ort

Fahrradfreundlich

51

Nicht wenige Städte im Lande haben nur ein „Herz" für Autofahrer. Klar – nur Autos bringen Parkgebühren (oder Knöllchen) ein, und „blitzen" kann man sie mit Grund, doch auch per „böser Falle" … Trier aber! Mitten im Zentrum gibt es eine Fahrradgarage. Da kann der Deutsche seinen Drahtesel, der Schweizer sein Velo und der junge Wilde seine Tretmühle unterstellen und sogar das Gepäck abgeben. **400 sichere Plätze für den liebsten Begleiter der Genuss-, Renn-, der Mountainbiker und so weiter.** Und zudem: Wer mal in einem anderen Sattel sitzen will, kann aufs Leih-E-Bike umsteigen und die Stadt erkunden.

Fahrradgarage
An der Porta Nigra

Tourist-Information Trier
Simeonstraße 55
54290 Trier
Tel.: 0651 978080
www.trier-info.de

Da unten ist erfreulich viel Platz in der „Herberge"

52

Frühtechnisches Wunderwerk

Alter Krahnen
Johannisufer
54290 Trier
Pkw-Parkplätze auf dem Parkplatz Irminenfreihof (450 m)

Ums Jahr 1413 muss der Trierer Handel gut floriert haben. Hätte man sonst auf dem Moselufer einen Kran gebaut? Einer schwamm zwar schon früher auf dem Fluss, aber der war abhängig vom Wasserstand, hatte also ein Handicap. Doch, noch wichtiger: Der Rat konnte kaum kontrollieren, was da so alles umgehoben und an der Steuer vorbeigeschleust wurde. Kranmeister war ein lukrativer Posten, so gab es immer wieder Streit um die Besetzung. Das hat sich gelegt. Heute ist das frühtechnische Wunderwerk ein Denkmal und ein Wahrzeichen der Stadt. Man kann es bestaunen und hin und wieder in Funktion erleben.

Beim Frühjahrshochwasser gibt es schon mal nasse Füße

Schauerlich

53

Friedhöfe sind Orte der Ruhe. Da ist Raum für Erinnerung. Merkwürdiges kommt vor. In der alten Leichenhalle auf dem Hauptfriedhof wurde noch bis in die Mitte des 20. Jahrhunderts seziert; hier hatte die städtische Pathologie ihren Sitz. Kein schöner Gedanke. Vollends makaber aber ist: In den Wänden befinden sich Halterungen. Die haben was mit Rückversicherung zu tun. Durch sie zog man Schnüre, hängte ein Glöckchen dran und knüpfte sie an die Zehen eines Verstorbenen. **Wenn die „Leiche" sich bewegte, bimmelte es.** So wollte man verhindern, dass Scheintote begraben wurden … Ganz schön schauerlich.

Hauptfriedhof
Herzogenbuscher Straße
54292 Trier
Tel.: 0651 7182672

Denkmalwürdig: die alte Leichenhalle

54 Abglanz alter Gartenkunst

Park Nells Ländchen
Lage: Am Verteilerkreis
Pkw-Parkplätze auf dem Hela-Baumarkt-Parkdeck neben der Arena Trier (300 m)

Über Napoleon heißt es mitunter, dass er ein Banause war. Aber: Dem Gärtner Gotthard, der für seinen Herrn den Park „Nells Ländchen" angelegt hat, schenkte er ein kostbares Tafelservice. Nicht alles vom Glanz der alten Gartenkunst ist erhalten. Aber immer noch genug, um im Park genussvoll spazieren zu gehen. **Von ganz besonderer Schönheit sind die Bäume.** Und selten sind sie auch. Zum Beispiel die Kaiserpaulownien, die Blauglockenbäume. Vielleicht fanden sich Darstellungen ihrer prächtigen, langen Blütenstände auf dem napoleonischen Service. Aber das ist verschollen. Oder hat es gar nicht existiert?

Kleine Oase am Rande der Stadt

Schöne Anpassung

55

Bauraum in Städten ist ein rares Gut. Da mag der Bauherr noch so hochgestellt sein: Er muss sich der Lage anbequemen. Das galt auch für den Freiherrn von Kesselstatt. Er wollte ein großartiges Palais bauen, direkt im Herzen des Kurstaates. Das hat er auch gemacht. Sein zwischen 1740 und 1745 errichteter Stadtpalast gehört zu den schönsten Bauten Triers. **Was hat der Bürger davon? Die Augenweide und auch einen ganz besonderen Genuss:** In einem Seitenbau gibt es die Weinstube Kesselstatt. Sitzt man auf ihrer Terrasse, sieht man zum Greifen nah die bischöflichen Kurien, den Dom und die Liebfrauenkirche.

Weinstube Kesselstatt

Liebfrauenstraße 10
54290 Trier
Tel.: 0651 41178
www.weinstube-kesselstadt.de

Das Palais kann nicht besichtigt werden.

Wer das legendäre Schiff findet, mag den Wein in seiner Nähe genießen

56 Ein Fürstbischof als Bauherr

Palais Walderdorff
Domfreihof 1 b
54290 Trier

Sicher hat es tüchtigere Fürstbischöfe in Trier gegeben als Johann Philipp von Walderdorff. Von ihm heißt es, Schranzen und Misswirtschaft hätten sich breitgemacht. Das ist nicht unser Thema. Wichtig ist: Als Kunstmäzen hat er 1765 den Grundstein für eines der prächtigsten Gebäude in der Altstadt gelegt, für das später nach ihm benannte Palais Walderdorff. **Lange hat er sich nicht daran erfreut.** Ab 1794 regierten hier die Franzosen. 1815 zogen die Preußen ein. Das ist Geschichte. Heute residieren hier unter anderem ein Kultur-und Medienzentrum und die Stadtbibliothek. Also hat jedermann Zutritt.

Palais Walderdorff – heute stehen seine Türen allen offen

Blüten und Allegorien

57

1930 war der Palastgarten noch ein Exerzierplatz, erst 1981 erhielt er sein heutiges Aussehen. Und das ist sehenswert. Vor dem Kurfürstlichen Palais breiten sich Blumenbeete, vom Frühling bis zum Spätherbst schön bepflanzt. Es gibt barocke, auch römisch-griechisch anmutende Bereiche, eine Liegewiese, Spielplätze, Springbrunnen, eine Fontäne und natürlich Ruhebänke. An die Geschichte des Geländes erinnern formvollendet geschnittene Hainbuchenhecken. **Vor allem sind da die allegorischen Skulpturen und die Nachbildungen barocker Gartenplastiken.** Da kann man sich in Ausdeutungen üben und schmunzeln.

Palastgarten
Straße an der Weberbach
54290 Trier
Pkw-Parkplätze
auf dem Parkplatz Palastgarten
auf dem Parkplatz Konstantinplatz (100 m)
in der Tiefgarage Basilika (150 m)

Man sieht es nicht mehr, aber hier lag einst ein Exerzierplatz

58 Irreführung

Roter Turm
Konstantinplatz 8
54290 Trier

Roter Turm? Da denkt man doch sofort an Blut! Völlig klar: Vor ihm wurde Gericht gehalten. Hier stand das Blutgerüst. Das kann nicht sein. Der Turm, ein wuchtiger quadratischer Quaderbau, steht dicht am Schloss der Fürstbischöfe … In mittelalterlichen Städten wurde auf dem Markt oder vor einer Kirche hingerichtet. **Dort, wo möglichst viele Bürger gaffen konnten.** Dieser Rote Turm ist jünger. Er wurde erst 1647 als Kanzlei- und Archivgebäude errichtet. Rot heißt er nach der Farbe des Sandsteins, mit dem er aufgeführt wurde. Und Blut? Nein. Seit 1968 dient er als Glockenturm der nahen Basilika.

Fels in der Brandung des Verkehrs: der Rote Turm

Spaßfaktor und Chinesisch

59

Pflastertreten macht müde. Was tun, wenn man noch weitere Highlights der Stadt erkunden will? Rauf auf den Hop On Hop Off Sightseeing Bus! Der bietet, was es allenfalls in Berlin gibt: Infos zu allem, was der Rede wert ist, nicht nur in Deutsch und Englisch (das ja heute Standard ist), nein auch in Französisch, Italienisch, Spanisch, Chinesisch und Russisch. Da will die Firma SEGWAY nicht zurückstehen. **Wer sich auf eines ihrer Geräte schwingt, erhält alle Informationen aus einem Lautsprecher an der Lenkstange.** Die bekommt man aber auch risikolos im „Bähnchen", das hier natürlich Römer-Express heißt.

Verkaufsstellen
Tourist-Information Trier an der Porta Nigra
Tel.: 0651 978080
und in allen Verkaufsstellen von Ticket Regional
Tel.: 0651 90777

Wo startet der Römer-Express? Natürlich vor der Tourist-Information!

60

Held in Weiß und Gold

Georgsbrunnen
Kornmarkt
54290 Trier

Der heilige Georg verkörpert als Drachentöter den siegreichen Kampf gegen alle Mächte, die den Menschen innerlich wie äußerlich bedrängen. Er ist Schutzpatron vieler Länder, Georgien heißt sogar nach ihm. Da konnte Trier ja keinesfalls zurückstehen. Auf dem Kornmarkt – einem der prächtigsten der Stadt – hat man ihm mit dem wohl schönsten Rokokobrunnen in Deutschland ein Denkmal errichtet. **Da steht der Ritter ganz in Weiß und Gold auf einer Marmorsäule** und ihm zu Füßen tummeln sich vier allegorische Gestalten. „Der Sommer" zeigt blanke Haut, wie die Jugend, die hier mit ihrem „to go"-Kaffee sitzt.

Barocke Zierde des Kornmarktes

Petrus zu Füßen

61

Stolpern kann man nicht über sie, denn sie sind sorgfältig eingelassen in das Altstadtpflaster: die Gullydeckel. Alle sind schön, kunstvoll gestaltet, und eines ist ihnen gemeinsam: Sie zeigen im gusseisernen Rund den Schutzheiligen der Stadt, den Apostel Petrus. So selbstverständlich ist das nicht. Platz für das bischöfliche Wappen wäre schon gewesen. Nein, das wollte man nicht. **Wir kümmern uns um unseren Dreck alleine, werden die Stadtväter gedacht haben.** Den Bischof wollen wir damit nicht behelligen. Und der wird sich um unsere Sachen (hoffentlich) auch nicht scheren. Friedliche Koexistenz.

Gullydeckel
Domplatz
Neustraße
und anderswo

Keine römischen Münzen und eine Million mal schwerer

62 Heiteres Beruferaten

Handwerker-brunnen
Ecke Fahrstraße/
Nagelstraße
54290 Trier

Es gab einmal einen Fernsehunterhalter, der bespaßte sein Publikum mit der Sendung „Heiteres Beruferaten". Lang, lang ist's her … Aber, man kann die frühen Bildschirm-Heiterkeiten auferstehen lassen. Kinder werden ihre Freude haben. Am Handwerkerbrunnen sieht man in kunstvoll geschmiedetem Stahl allerlei Meister und Gesellen bei der Arbeit: Schuster, Schneider, Schlosser, Schreiner und so weiter. **Sogar ein Eintänzer ist dabei.** Der dreht ein Mädel flott im Kreise. „Eintänzer, ist das etwa auch ein Handwerk?", fragt ein Junge? Ja, sicher sagt der Großvater und lächelt – was das für Zeiten waren.

Handwerk hat goldenen Boden – manchmal auch das des Fotografen

Grasfresser

63

„Echten" Karneval gibt's nur am Rhein. Ach wo! Es gibt ihn auch in Trier. Anfangs gab er sich „brav", dann aber ging die Post ab. Im Revolutionsjahr 1848 nannte sich der Verein „Zum Verdruss". Das sagt schon viel, seit Jahrzehnten heißt er „Zum Heuschreck". Warum? **Vielleicht, weil während der Session durch die Redner in der Bütt und das närrische Volk das Gras wieder abgefressen wird**, das in der Zwischenzeit über manche üble Sache gewachsen ist. Außerhalb der Karnevalssaison darf man sich am Heuschreckbrunnen erfreuen. Der zeigt Trierer Jecken dickbäuchig, kurzbeinig und verschmitzt grinsend.

Heuschreck-Brunnen
Fleischstraße/Ecke Nagelstraße
54290 Trier

Trierer Originale tragen den Heuschreck

64

Mal in den Musentempel gehen

Theater Trier
Am Augustinerhof 3
54290 Trier
Tel.: 0651 7183464
www.theater-trier.de

Die alten Zeiten kommen nicht wieder: Ein Stadttheater in schöner Harmonie mit seinem Publikum. Auf den Brettern, die auch in Trier die Welt bedeuten sollten, herrscht heute – wie fast überall – das Regietheater. Dazu der Genderismus. Ja, die mehr als 200 „Mitarbeiterinnen" geben sich in allen drei Sparten und an jedem Spielort Mühe: im Musiktheater, im Schauspiel und dem Tanztheater. **Klassisches bis Avantgardistisches. Harmonisches und Disharmonisches. Provokantes. Mitreißendes und Langweiliges**. Also nichts Besonderes. Sollte man meinen. Was tun? Hingehen.
Hinschauen. Hinhören. Selber urteilen.

Das Äußere? Auf den Inhalt kommt es an!

Dorado für Krachmacher

65

Das skurrilste Haus in Trier ist ein Luftschutz-Hochbunker. Findet jedenfalls die Heimatzeitung „Volksfreund". Dass er noch steht, ist dem „Nazibeton" zu danken, ihn abzuräumen würde ein Vermögen kosten. 2005 einigte man sich endlich, das 38 Meter hohe Ungetüm sinnvoll zu nutzen. Ein Jugendklub durfte einziehen in die zwei Dutzend Räume. Im offiziell Ludger-Kern-Haus genannten „Objekt" üben nun „Bands", sie können laut sein, wie sie wollen. **Nichts dringt durch die zwei Meter dicken Wände nach außen.** Das passiert erst, wenn alles klappt und die „Szene" die Bühnen in Trier und Umgebung stürmt.

Jugendklub Exzellenzhaus e. V. Kinder – Jugend – Kultur

„Bunker"
Karl-Grün-Straße
54292 Trier
Tel.: 0651 9911083
www.exhaus.de

Ein Bau von dieser Art kann (leider) tausend Jahre überdauern

66 Blick auf Helenas gelehrte Töchter

www.uni-trier.de
www.eka.trier.de
www.sportakademie.de
www.hochschule-trier.de
www.era.int

Bei allem, was die Römer nachgelassen haben, Trier zieht nicht nur Touristen an. Da ist die Universität und es gibt eine Hochschule, zusammen sind hier über 20.000 Studierende eingeschrieben. Dazu kommen drei Europäische Akademien, für Recht, für den Sport und für die Kunst. „Europäisch", das heißt, nicht nur die Studierenden kommen aus ganz Europa und zum Teil von weiter her, sondern auch die Männer und Frauen des Lehrkörpers. **57 Prozent der Studentenschaft sind junge Frauen.** Was für ein Bild, wenn sie in Gruppen und in frohen Farben durch die Gassen gehen.

Auf dem Weg ins Seminar?

Goldene Lettern auf rotem Grund

67

Bäcker und Domsekretär in Personalunion? Das ging einmal und brachte etwas ein. Johann Wilhelm Polch ließ sich 1684 gleich neben der Steipe ein Haus bauen: Das ist eine Augenweide. Und erst das bürgerstolze Schriftband! Da steht auf rotem Sandstein groß in goldenen Lettern: ANTE ROMAM TREVIRIS STETIT ANNIS MILLE TRECENTIS. / PERSTET ET ÆTERNA PACE FRVATVR. AMEN. Das heißt: **Eher als Rom stand Trier eintausend und dreihundert Jahre.** Möge es weiter bestehen und sich ewigen Friedens erfreuen. Da können die italienischen Touristen noch so sehr die Köpfe schütteln. Auf diese Wahrheit scheint die Sonne!

Rotes Haus
Dietrichstraße 54
54290 Trier

Die Trierer „Wahrheit": in Stein gemeißelt und vergoldet

68

Lustschlösschen kontra Arbeitswut

Restaurant Schloss Monaise

Schloss Monaise 7
54294 Trier
Tel.: 0651 828670
www.schloss-monaise.de

Keine Führungen oder Besichtigungen

Philipp Franz Graf von Walderdorff war ein vermögender Mann. Vor allem hatte er Geschmack. Ab 1779 ließ er sich ein kleines Lustschloss im Stil des Frühklassizismus errichten. Er nannte es Monaise, also „Meine Muße". **Auf Arbeitswut weist das nicht hin.** Aber immerhin: Unter der Wappentafel am Haus steht der Sinnspruch OTIUM CUM DIGNITATE und das heißt so viel wie „Genieße die Muße mit Würde". Seit 1969 gehört das Schloss der Stadt. Sie hat das Schmuckstück aufwendig restaurieren lassen. Als Mieter ist ein Gastronom eingezogen. Erlesene Speisen und Getränke … Der Graf hätte seine Freude dran gehabt.

Früher Klassizismus an der Mosel

69

Erinnerung an einen Wahn

Neid und religiösen Wahn hat es wie überall in Europa auch in Trier gegeben. Vor allem die Juden mussten das leidvoll erfahren. Seit dem 11. Jahrhundert lebten sie in der Stadt in ihrem eigenen Viertel, wurden aber immer wieder schikaniert, für Pest und Hungersnot verantwortlich gemacht, eingeengt, verfolgt und zwischenzeitlich aus der Stadt vertrieben. **An das mittelalterliche Ghetto erinnert die Judenpforte** in einem Haus aus dem 17. Jahrhundert. Sie gibt den Blick frei in eine Gasse, in dessen Häuschen die jüdischen Mitbürger zu Hause waren. Ihnen hat die Stadt viel zu verdanken.

Judengasse und Judenpforte
Hauptmarkt 23
54290 Trier

… heute laden hier Lokale ein

70 Romanik auf römischen Mauern

Simeonstift
Simeonstraße 60
54290 Trier
www.tourist-info-trier.de
Sitz des Stadtmuseums, Café im Innenhof

Das Simeonstift kann man nur in einem Atemzuge mit dem Städtischen Museum nennen, aber nicht auf knappen Raum beschreiben: **Es ist die kostbare Form für einen respektablen Inhalt.** Gegründet wurde es 1041. Die vierflügelige Anlage um einen großen Innenhof erhielt einen doppelgeschossigen Kreuzgang. Es gibt ihn noch, und das ist heute einmalig in Europa. Reine Romanik, unverfälscht. Man muss bis in den Keller gehen, wenn man erahnen will, wie damals vorgegangen wurde: Die nördliche Außenmauer wurde auf der römischen errichtet und war bis ins 19. Jahrhundert Teil der Stadtbefestigung.

Im oberen Kreuzgang meditierten einst die Mönche

Hilfe für Liesel und Co.

71

Ausflug nach Trier, Jauchzen und Gehopse ... Doch dabei ist Klein-Rosas Plastikliesel verunfallt. Puppen-Arm- und Puppen-Beinbruch! Großer Jammer. Was jetzt? **Ausnahmsweise ist guter Rat mal wohlfeil.** In der Steipe gibt es ein Spielzeugmuseum. Da weiß man, wo der nächste Puppendoktor wohnt. Doch nun nicht gleich davon gestürzt. In den Räumen werden 5.000 Spielzeuge aus wohl ebenso vielen Jahren präsentiert. Also nicht nur Eisenbahnen, Puppenstuben, Knuddeltiere, Zinnfiguren ... Da liegt neben römischen Spielsteinen ein Würfel, mit dem hat sich vor Jahrtausenden ein kleiner Phönizier vergnügt.

Spielzeugmuseum
Dietrichstraße 51
54290 Trier
Tel.: 0651 75850
www.spielzeugmuseum-trier.de

Puppenparade mit Hund

72

160 Denkmale im Straßenpflaster

Stolpersteine
www.stattfuehrer.de/stolpersteine.html

„Ein Mensch ist erst vergessen, wenn sein Name vergessen ist." So steht es im Talmud. In diesem Sinn hat der Künstler Gunter Demnig im Jahr 1997 die Aktion „Stolpersteine" begonnen. Seitdem wurden in vielen Städten Europas über 40.000 dieser kleinen Gedenksteine für die in der Zeit des Nationalsozialismus deportierten und zumeist ermordeten jüdischen Mitbürger, für Sinti und Roma, Homosexuelle und andere Opfer des Regimes verlegt. **In Trier sind es seit 2005 über 160 Stück.** Wer aufmerksam ist, kann sie an vielen Stellen der Innenstadt auf den Bürgersteigen, vor den Haustüren entdecken.

■ Überall in Deutschland, auch in Trier

Alle Neuigkeiten Schwarz auf Weiß

73

Natürlich kann man in Trier jede deutsche Zeitung kaufen, wenn man will, aber auch eine chinesische. Ob die oft verlangt wird, sei dahingestellt. Der „echte Trierer" holt sich den „Volksfreund", also seine Heimatzeitung, jeden Morgen aus dem Briefkasten. Das ist seit 1875 so. Nun ja, nicht immer gab's an jedem Morgen eine Zeitung, denn die wurde hin und wieder verboten von der Obrigkeit. Also von den Franzosen und den Preußen. Und warum? Weil sie ihrem Namen Ehre machte. **Also dem Volk aufs Maul schaute und für die Bürger schrieb**. Das ist noch heute so. Und so was führt zu anerkannter Dauer.

Volksfreund-Druckerei Nikolaus Koch GmbH
Hanns-Martin-Schleyer-Straße 8
54294 Trier
Tel.: 0651 71990
www.volksfreund.de

Bei dieser Lektüre wird schon mal der Kaffee kalt

74

Gräber jüdischer Mitbürger

Alter jüdischer Friedhof

54290 Trier
Weidegasse/
Gilbertstraße

Jüdische Kultusgemeinde

Kaiserstraße 25
54290 Trier
Tel.: 0651 9945575

In der Stadt hat es im Laufe der Jahrhunderte drei jüdische Friedhöfe gegeben. Erhalten hat sich nur der ab 1620 an der heutigen Weidegasse angelegte. Er wurde 1922 geschlossen, doch es gibt auf ihm, trotz des Pogroms von 1938, noch über 400 Grabsteine. Dazu gehören die der Familie Marx, unter anderem ruhen hier ein Urgroßvater und ein Großvater des Philosophen. **Auf ihnen sind die hebräischen Inschriften lesbar.** Sichtbar ist auch der älteste Stein. Er wurde 1686 gesetzt. Weitere Zeugnisse der mittelalterlichen jüdischen Bestattungskultur sind in der Dauerausstellung des Landesmuseums zu sehen.

Grabsteine für die Vorväter von Karl Marx

Blick aus dem Glashaus in die Tiefe

75

Nichts hält ewig. Irgendwann deckt die Erde alle guten und bösen Taten. Bauwerke sind nicht ausgenommen. Als die Archäologen 1987 am Viehmarkt buddelten, stießen sie auf die Reste einer großen Badeanlage. Sie misst 102 mal 82 Meter. Bislang dachte man, es gab in Treveris nur zwei Thermen. Jetzt kann man, geschützt durch einen mächtigen gläsernen Überbau, die alten Mauern in der Tiefe sehen. Und auch herabsteigen. Kriege, Brandschatzungen, Feuersbrünste … **Da kommt schon was an Schutt zusammen.** Erstaunlich ist vor allem die Tiefe der „Versunkenheit" dieser auch Forumthermen genannten Artefakte.

Museum „Thermen am Viehmarkt"
Viehmarktplatz 7
54290 Trier
Tel.: 0651 17088710
www.trier-info.de

Eine gläserne Haube schützt römische Fundamente

76 Krieweler buddeln immer

Kleines Volkstheater
Peter-Scholzen-Straße 88
54296 Trier
Tel.: 0651 9930339
www.kleines-volkstheater-trier.de

Wenn die Marktfrauen „Krompern! Krompern!" schreien, dann meinen sie Kartoffeln, die wird der Tourist nicht unbedingt kaufen (aber die Trierer wissen ja, was gemeint ist). Für die Ausgrabungen in der Stadt wird er sich eher interessieren, und die finden oftmals statt. Wenn dann die Trierer (weil solches Tun ja zu Verkehrsbehinderungen führt) murren und über die „Mumienkrieweler" fluchen, kann man mit etwas Spürsinn ahnen, dass so die Archäologen geschimpft werden. **Wer „Trierer Platt" richtig lernen will, muss ins Kleine Volkstheater gehen.** Da schallt nur der heimische Ton von der Bühne.

Trierer Platt? Ich verstehe immer nur Bahnhof.

Fluchtpunkt oder der schönste Ort

77

Vom großen Komödiendichter Curt Coetz stammt der Spott, dass der Bahnhof in einer bestimmten Stadt, der schönste Ort sei, denn von da aus könne man sie am schnellsten wieder verlassen. In Trier liegt die Sache genau andersherum. Der Bahnhof ist die reinste Katastrophe. Seine bauliche Einfalt mag noch hingehen. Aber solch ein Ambiente! Kahlgraue Unaufgeräumtheit innen. **Ein Kaufhaus mit Gleisanschluss will niemand.** Aber vor der Tür nur ein paar freudlose Buden? Tristesse pur. Hier kann man nur ankommen, um mit dem Taxi rasch zu entschwinden. Wohin? Ins Zentrum. Da ist es (fast) überall schön.

Trier Hauptbahnhof
Bahnhofsplatz 1
54292 Trier
Tel.: 0681 3082623

In einer knappen Stunde ist es hier fünf vor zwölf

78 Blick auf junge Kunst

Kunstverein Trier – Junge Kunst
Galerie Junge Kunst
Karl-Marx-Straße 90
54290 Trier
Tel.: 0651 9763840

Nicht nur große Museen gibt's in der Moselmetropole, sondern auch Galerien. Eine entstand vor 30 Jahren, sie nennt sich heute Kunstverein Trier – Junge Kunst. Mitglieder sind angehende bildende Künstler, aber auch bereits weithin bekannte. **Sie kommen aus Trier und dem Moselland, auch aus anderen Bundesländern, aus Frankreich und Luxemburg.** Ausgestellt wird regelmäßig. Vorwiegend in der Stadt und in der näheren Umgebung. Die Aufmerksamkeit steigt: Grafiken der Mitglieder, Gemälde, Oberflächengestaltungen und Rauminstallationen fern von jedem Provinzialismus, wurden bereits in New York gezeigt.

Vielbeachtet: Ausstellung „Fava" von Werner Müller

Jubel-Trubel auf einer Quadratmeile

79

Keine fremden Heere stehen vor den Mauern. Dennoch ist die Wirkung zu vergleichen. Nichts geht mehr am letzten Juni-Wochenende auf den Straßen, auf den Plätzen. Drei Tage Riesenparty – sie heißt Altstadtfest. Hektik, Jubel, Trubel, Heiterkeit, Futtern, Schlemmen, Anstoßen … Klamauk und Krach. Tanzgruppen, Chöre und Orchester, Spaßmacher vom Radio, und die bekannten Trierer Helden Guildo Horn und Helmut Leiendecker sind natürlich auch dabei. **Motto: Jetzt feiern wir uns selbst.** Doch Gäste sind willkommen. Zum Beispiel die Bürger aus den Quattropole-Städten Metz, Saarbrücken und Luxemburg.

Altstadtfest in Trier
Platz vor der Porta Nigra, Hauptmarkt, Kornmarkt, Domfreiheit, Viehmarkt

Seid ihr alle daaa? Ruft mal alle Jaaah!

80 Testen, was die eigene Fitness macht

Trierer Stadtlauf e. V.
Am Herrenbrünnchen 6 a
54295 Trier
Tel.: 0651 42222
www.triererstadtlauf.de

Es gibt in Deutschland so manchen Stadtlauf, aber der hiesige stellt die meisten in den Schatten. Seit 1983 treffen sich in jedem Jahr Trierer allen Alters mit Gleichgesinnten aus den Nachbarländern, um gemeinsam zu testen, was die eigene Fitness macht. **Dabei sein ist alles auf der 10-Kilometer-Strecke**, beim Halbmarathon, beim Publikums- oder dem Jugendlauf. Start und Siegerehrung ist natürlich an der Porta Nigra. Fernsehen, Radio, viel Prominenz und jubelnde Zuschauer. Mit einer Sieger- oder Erinnerungsmedaille am Hals kann sich jeder Aktive kostenlos massieren lassen. Was für ein Service!

Trier rennt und rennt und rennt

Römische Kampfkunst

81

Wer waren die Gladiatoren? Wie haben sie gelebt? Was mussten sie können? Solche Fragen treiben Jungen um. Aber auch ausgewachsene Männer interessieren sich dafür. Natürlich kann da viel nachgeschlagen werden. In Trier aber kann man einprägsamen Unterricht erhalten. Nicht nur theoretischen, nein ganz konkrete Anleitungen, solide Unterweisung in dieser antiken Kampfkunst.
Die Gladiatorenschule bietet in ihrem Camp ein- und mehrtägige Lehrgänge an für jedermann, der wenigstens zwölf Jahre alt und fit ist. Dass dabei auch nach Art der Römer gegessen und getrunken wird, ist ein zusätzliches Schmeckerchen.

Gladiatorenschule
Buchung: Tourist-Information
Tel.: 0651 9780816
oder 9780814
www.gladiatoren-schule.de

Trierer Schüler lernen mehr als nur Latein

82 Ja, das sieht prächtig aus!

Kurfürstliches Palais
Willy-Brandt-Platz 3
54290 Trier
Tel.: 0651 94940
www.trier-info.de/kurfuerstliches-palais
Hin und wieder Konzerte im Großen Saal

Kaum zu glauben, dass dieser prächtige Rokoko-Palast über hundert Jahre eine Kaserne war. 1794 plünderten hier französische Revolutionstruppen. Die siegreichen Preußen taten's ihnen gleich. **Soldaten hausten hier bis 1930.** Andere Zeiten gingen auch nicht besser mit dem Gemäuer um. Teile fielen bereits der Rekonstruktion der Basilika zum Opfer, die Bomben des Zweiten Weltkrieges richteten Schäden an. Vom heutigen sanierten Inneren und der kostbaren Treppe wollen wir nicht sprechen. Das Palais ist Behördensitz und kann nur ausnahmsweise besichtigt werden. Aber die Fassade ist aller Blicke wert.

Barock pur und noch ein wenig mehr

Hufeisen und Knipszange

83

Ein wenig Nostalgie muss sein … 1890, wurde auch in Trier die erste Straßenbahn von Pferden gezogen. Wie die Waggons aussahen, wo die Pferdchen überall Hafer mahlten und danach die Schwänze hoben, darüber erfährt man einiges im Verkehrsmuseum. **Die Exponate wurden vom Straßenbahnverein zusammengetragen.** Vom Schienenstück, geschmiedet 1903, bis hin zu Dienstmützen und kompletten Uniformen, Kleingeldautomaten, Anstecknadeln, den berühmten Knipszangen (korrekt Fahrscheinentwerter genannt) und natürlich Dienstvorschriften ist vieles vorhanden, das nicht nur „kleine Jungs" und Rentner interessiert.

Verkehrsmuseum
Alfred Klasner
Gottbillstraße 1–15
54294 Trier
Tel.: 0651 7173375
www.trier-info.de

Was für Oldtimer-Freunde: Henschel-Bus HS 160 OSL-G von 1962

84 Tragbar und rundum gesund und schön

Flax Bio & Fair
Anke Glatt
Neustraße 76
Tel.: 0651 48593
www.flax-natur
textil.de

Shopping muss auch mal sein. Also die Simeonstraße hoch. Filialisten rechts und links. „Klamotten". Nicht schlecht, doch wo gibt es sie nicht. Hauptmarkt, Neustraße ... Fast am Ende kommt die Überraschung. Pflanzen, Blüten vor dem Grauputz einer Fassade. **Im Laden hinter dieser Pracht wird kein Allerweltszeugs angeboten.** Die Textilgestalterin Anke Glatt betreibt ihr Geschäft seit über 20 Jahren. Hier kommt nichts von der „Stange". Manches ist selbst entworfen, aber alles – Jacken, Hosen, Hemden usw. von führenden Herstellern – ist 100 Prozent Bio. Also nicht schädlich. Das ist doch mal was.

Einfälle muss man haben!

„Helfreden“ und Signale

85

Wenn Vater eine Spielzeugeisenbahn kauft, dann sagt er: „Die schenk ich meinem Sohn.“ Ist das eine Lüge? Nein. Aber eine „Helfrede“. Klar ist: **Er will ja selber damit spielen. Der Bengel darf höchst selten einmal ran.** In der Firma Theisen kennt man das „Problem“ seit 137 Jahren. Solange lässt hier technisches Spielzeug Männerherzen höher schlagen. Nun aber auf Weltniveau. Auf der Teststrecke für Lokomotiven brausen ICE. Und ständig gibt es Neuigkeiten: Loks, Hänger, Weichen und Signale, Modellbausätze aller Art … Die Kunden kommen regelmäßig, viele von weit her, sogar aus Amerika und Australien.

Firma Friedrich Theisen
Inhaber Josef Karthäuser
Fachgeschäft für technische Spielwaren
Metzelstraße 19–20
54290 Trier
Tel.: 0651 74427
www.spielwaren-theisen.de

Josef Karthäuser ist Herr über Träume kleiner und großer Jungs

86 Trink Dir Deine Meinung

Weinsinnig
Weinbar & Verkauf
Manuela Schewe
Palaststraße 12
54290 Trier
Tel.: 0651 9790156
www.weinsinnig.com

Wann ist man „weinsinnig"? Die Lust auf einen guten Tropfen hält sich an keine festgelegte Zeit, und die Versuchung lauert überall und immer. Besonders in der Palaststraße. Wie sagte Oskar Wilde? „Versuchungen sollte man nachgeben. Wer weiß, ob sie wiederkommen." Im diesem Sinne und unter dem Motto „Trink Dir Deine Meinung" betreibt die Sommelière Manuela Schewe ihre Weinbar. Hundert Sorten – fast alle von Mosel- , Saar- und Ruwerwinzern – sind im Angebot. **Der „Weinsinnige" sucht sich seinen „Tropfen" aus.** Dann wird ein Glas gefüllt … Der beliebteste Göttertrunk heißt übrigens „Versuchung".

Weinsinnige Recherche

Marx kleidet

87

Vor der Basilika: Ein Bus setzt fünfzig Menschen ab. Sie vertreten sich erst mal die Füße. Was ist das gegenüber? Da steht der Name Marx weiß auf rotem Grund. Natürlich rot! Und Modehaus kann man auch lesen. **Marx hatte also ein Textilgeschäft!** Das wussten wir ja gar nicht. Der Reiseleiter amüsiert sich. Marx ja. Tuchhändler nein. Doch diesen populären „Irrtum" kann man werblich nutzen. Studenten der Hochschule haben das gemacht: Ein Kleinplakat zeigt ihre Pfiffigkeit. Da sitzt ein flottes Model und hält sich eine Karl-Marx-Maske vors Gesicht. Der Text klärt auf: „Ein bisschen Marx steht jedem."

Modehaus Marx

Am Breiten Stein
54290 Trier
Tel.: 0651 46090
www. modehaus-marx.de

Lieblingsfarbe von Karl Marx? Rot natürlich!

88 „Schönfärber" Müller

Zur Blauen Hand
Modehaus für Männer
Brotstraße 41
54290 Trier
Tel.: 0651 975880
www.zur-blauen-hand.de

Was ein Schönfärber ist, weiß jeder. Noch vor 200 Jahren war das ein ehrbarer Beruf. Den übten Männer aus, die Tuche nicht nur schwarz färben, sondern auch besonders „schön", in Gelb, in Rot und Blau. Johann Nicolaus Müller war ein solcher Könner. Er besaß eine Färberei am Weberbach. In seinem Laden in der Brotstraße bediente er die verehrte Kundschaft oft mit vom Färben blauen Händen. Die Trierer strömten zu ihm und gaben seinem Geschäft den Namen „Zur Blauen Hand". Das besteht immer noch in der Brotstraße. Die Joh.Nic.Müller KG ist der größte Herrenausstatter in Rheinland-Pfalz.

Hier gibt's weit mehr als Schlips und Kragen

Faszination antike Goldmünzen

89

Beim Anblick der römischen Goldmünzen im Landesmuseum steigt bei einem Numismatiker unweigerlich der Wunsch auf, wenigstens ein Stück davon in seiner Sammlung zu haben. **Dem Manne kann geholfen werden**: durch die Firma „Antiquitäten Hermesdorf". Sie hilft seit über hundert Jahren. Wer Glück hat, kann dort solche Stücke erwerben. Und selbstverständlich noch weit mehr an schönen alten Sachen. Porzellan, Gläser, Silber … Nicht nur aus Trier und der Region. Beim näheren Umschauen sieht man, China, Japan, Afrika und Indien sind hier auch vertreten. Alles zwar nicht alle Tage, aber jeder Sammler braucht Geduld.

Antiquitäten Hermesdorf

54290 Trier
An der Meerkatz 2
Tel.: 0651 74184
www.jugendstil
leuchter.de

Der Fußball bleibt aber bitte draußen!

90 Austernwunder

Oechsele Wein & Fischhaus
Palaststraße 5–7
54290 Trier
Tel.: 0651 9917555
www.oechsle-wein
haus.de

Das weiß der Feinschmecker: Austern müssen frisch sein. Sie dürfen zwar – auf Eis gebettet – transportiert werden, aber gefroren dürfen sie nicht sein. Austern in Trier? Die Stadt liegt gut 500 Kilometer von den Fanggründen in der Normandie entfernt. **Wie können sie da frisch sein?** Aber sie sind es in der Tat. Wer es nicht glaubt, braucht nur am frühen Morgen in die Palaststraße zu gehen. Da werden sie serviert. Und Sekt gibt's auch dazu. Man muss nicht einmal Millionär sein, um das eine wie das andere zu genießen. Bevor man sich aufmacht, die Schönheiten der Stadt zu bewundern.

Duften, wie sie ausschauen – frisch und lecker

Büchermix im populären Laden

91

„Macht unsere Bücher billiger!" Das forderte Kurt Tucholsky, und es ist das Motto von De' Bücherladen. Er heißt aus gutem Grund nicht Buchhandlung. Die drei Männern, die ihn gemeinsam leiten, bieten hier einen 50-50-Mix aus Neuerscheinungen, Restposten der Verlage und Sonderausgaben an. **Hier kennt man keine Schwellenangst.** Jeder wird fündig: Da steht der Bestseller und dort der Roman, der jüngst noch „Schnelldreher" war. Jeder kann sein Schnäppchen machen: der gut Betuchte, der Student, der Rentner. Wer nicht fündig wird, der kann ja nachfragen. Jedes lieferbare Buch wird ihm sofort bestellt.

De' Bücherladen
Simeonstraße 22
54290 Trier
Tel.: 0651 75978
www.de-buecher
laden.de

Wer hier kein Lesefutter findet, der ist selber schuld

92

Blick über den Tellerrand ins Tal

Berghotel Kockelsberg
Kockelsberg 1
54293 Trier
Tel.: 0651 82480
www.kockelsberg.de

Gefühlt gibt es in Trier 100 Hotels. Der Gast hat allemal die Qual der Wahl. Am verlockendsten aber ist das Haus auf dem Kockelsberg. Was das Berghotel einmalig macht, ist seine Lage. Hoch über der Stadt, an drei Seiten von Wäldern umgeben, hat man hier von fast allen Zimmern, aus den Restaurants, besonders von der Terrasse, einen Panoramablick über das Moseltal. **Trier liegt einem buchstäblich zu Füßen.** Den Vorzug dieser Lage kannten schon unsere Altvorderen: Auf dem Kockelsberg stand bereits im 8. Jahrhundert eine gastliche Stätte. Also schon vor über 1.000 Jahren. Tatsächlich: einmalig!

Gleich kommen Gäste zum Menü – die tolle Aussicht ist schon da

Fütterung der „wilden" Tiere

93

Durchs Gebüsch huschen Rehe, Muffelwild ist auch zu sehen. Fast acht Hektar umfasst der „Park der wilden Tiere". „Wie viele Tiere sind es", fragt das Kind. „Ganz einfach", sagt der Vater, „Du brauchst nur die Beine zu zählen und die Zahl durch vier zu teilen." – „Ach so!", nickt das Kind. Komplizierter wird es nicht für den Neunjährigen, denn der Vater sieht von den Hühnerrassen ab, die in den Gehegen scharren. **Rechnerei muss hier nicht sein, aber ein Muss ist es, die Thüringer Waldziege zu füttern.** Futter kann man an den Automaten kaufen. Das tut man gern, denn schließlich ist der Eintritt frei.

Wildfreigehege Weißhauswald

Forstrevier Weißhaus
Stuckradweg 5
54293 Trier
www.trier.de/Kultur-Freizeit/Gruenes-Trier/Weisshauswald

Bis vier zählen, durch vier teilen … kein Problem für mich

94 Beliebtes Zwischendurchgetränk

Viezmosterei Andreas Scherf
mit Ferienwohnungen im Haus
Ruwergasse 29
54320 Waldrach
Tel.: 06500 7259
www.scherfsmuehle.de

Wer in Hamburg oder Dresden einen Viez bestellt wird je nach Lage – Sterne-Restaurant oder Kneipe – fragend angeschaut und dann folgt „Bitte was?", oder nur ein „Häh?" **Da muss der Moselaner sein liebstes „Zwischendurchgetränk" beschreiben.** Ob er dann aber tatsächlich ein Getränk erhält, das seinem Viez zumindest ähnlich ist, darf bezweifelt werden. Viez ist ein Apfelwein (gelegentlich auch Birnenwein), allerdings – wenn er echt ist, wurde er aus Holzäpfeln wild vergoren, und er darf auch ruhig etwas trüb sein und perlen. Serviert wird er in einer hohen, schmalen Tasse, in der Viezportz.

Nur noch ein paar Jährchen, dann feiern wir ein Jubiläum!

Viezpudding und Sprüch'

95

Drei berühmte Trierer gibt es: Kaiser Konstantin, Karl Marx und – Fischers Maathes. Letzterer war ein Original. Bücher wurden über ihn und seine „Sprüch'" geschrieben, es gibt auch ein Lokal, das seinen Namen trägt. Da ist es gemütlich, so wie es dieser Mann vom Jahrgang 1822 liebte. Seine „Speis" gibt es auch. Viezpudding (Viez sowieso) und allerlei „Gedöns" wie „Flieten" (Hühnerflügel) vorneweg. **Da hätte Maathes reingehauen.** Zumeist. Manchmal war der Witzbold leider depressiv. Bevor er sich mit 56 Jahren das Leben nahm, hängte er an die Tür seines Ladens ein Schild: „Wegen Sterbefall geschlossen."

Zum Fischers Maathes
Weberbach 53
54290 Trier
Tel.: 0651 20196700
www.fischers-maathes.de

Ein Prost auf Fischers Maathes

96 Funkeln im Glase

Dass man Moselwein nicht aus irgendeinem Töpche oder Tässchen trinkt, versteht sich. Es muss jedenfalls vorgekommen sein, sonst hätte ein Trierer Kaufmann um 1900 nicht ein schönes Glas erfunden (neudeutsch: designt), das schnell Furore machte. Das Original ist eine niedrige, geschliffene, nicht sehr große Schale, die das Licht ausgezeichnet reflektiert. **Wichtig, denn das Auge trinkt mit!**

Da jedermann die schönen Gläser haben wollte, geschah, was immer in solchem Fall geschieht: Die Produktion uferte aus. Heute gibt es Treverisgläser für Likör, Sekt, Cognac und so weiter. Aber schön sind auch die.

■ Extratipp: Auch mal Rotwein ins Glas und eine brennende Kerze dahinter!

Qualvolle Wahl für Durstige

97

Bier, frisch vom Fass gezapft, lässt Männer-, manchmal sogar Frauenherzen höherschlagen. Zumal, wenn diese Herzensfreude aus einer kleinen, feinen Manufaktur kommt. Zum Beispiel aus der Ersten Trierer Hausbrauerei. Die nennt sich Kraft Bräu. Und sie hat die Kraft, zehn Sorten anzubieten, die sich deutlich von den Industrie- und „Fernsehbieren" unterscheiden. **Also Helles, Dunkles, Weizen klar oder hefetrüb.** Der Durstige hat in Blesius Garten die Qual der Wahl. Bier, Bier, Bier … Aber wollten wir im Weindorf Olewig nicht Riesling trinken? Ja. Aber wir können ja morgen einen neuen Anlauf nehmen.

Kraft Bräu

Erste Trierer Hausbrauerei im Hotel Restaurant Blesius Garten
Olewiger Straße 135
54295 Trier
Tel.: 0651 36060
www.kraftbraeu.de

Wer die Wahl hat …

98

Hauptstadt des Blauen Dunstes

Japan Tobaco International (JTI)
Diedenhofener Straße 20
54294 Trier
Tel.: 0651 8150
www.jti.com

In Deutschland geht das nicht mehr: Rauchen in einem öffentlichen Gebäude. Das gilt auch für die Trierer, obwohl die Tabakindustrie hier seit dem 19. Jahrhundert führend ist und dem Fiskus via Tabaksteuer Jahr für Jahr Milliarden Euro einspielt. Heute ist die Japan Tobaco International der größte Arbeitergeber der Stadt. **In einer hochmodernen Fabrik stellen 1.400 Mitarbeiter Tag für Tag 1,5 Millionen Glimmstängel her**, also 5 Milliarden im Jahr! Nicht nur deutsche Sorten auch internationale Stars wie Camel, Winston und so weiter, dazu „Peter der Große", Russlands beliebtester Blauer Dunst.

„Willen braucht man, und Zigaretten." (Helmut Schmidt)

Wie wird es künftig?

99

Alle Probleme besprochen? Alles abgehakt? Sprechen wir über's Wetter. Das geht immer. Was meldet die Station auf dem Petrisberg? Zunächst: Sie schickt ihre Messungen an die Zentrale des Deutschen Wetterdienstes. Die packt sie unter anderem mit ins große „Deutschland-Wetter". Unbefriedigend für den Bürgerstolz. Aber den Petrisbergern ist etwas eingefallen. Sie veröffentlichen im Internet halbstündlich (!) ihre neuesten Daten – Temperatur, Luftdruck und so weiter. **Doch die Sache hat einen Haken.** Man erfährt nur, wie es zurzeit aussieht. Aber wie wird es künftig? Was tun? Wieder auf wetter.de klicken.

Wetterstation auf dem Petrisberg

Wahr seit dem Anfang aller Tage: Schlechtes Wetter zieht immer ab

Dr. Michael Pantenius, geb. 1938, Kulturwissenschaftler, Historiker. Hat sich durch 20 Bücher, Reiseführer und Feuilletons zur Kulturgeschichte einen Namen gemacht.

Rudolf Voigtländer, geb. 1960, lebt seit Jahrzehnten in Trier, verdient sein Brot als Schreibtischarbeiter, ist aber seit frühester Jugend der „Lichtbildnerei" verbunden und anerkannter Fotograf. Eigene Personalausstellungen und Veröffentlichungen in Büchern.

Der Verlag, Autor und Fotograf danken: Patricia Ellendt, Trier Tourismus und Marketing GmbH; Dr. Markus Reuter, Rheinisches Landesmuseum Trier; Markus Groß-Morgen, Museum am Dom Trier; Dr. Hubert Schnabel, Vereinigte Hospitien Trier; Walburga Hillen-Horsch, Stadtbibliothek Weberbach/Stadtarchiv Trier; Dr. Bärbel Schulte, Stadtmuseum Simeonstift Trier; Peter Szemere, Jüdische Gemeinde Trier; Jan Krüger, Gladiatorenschule Trier sowie Almuth Brandstetter, Rita Grotowski, Nicola Gschwendner, Guillaume Karl, Andreas Jungbluth, Markus Michel, Rudi Maurer, Klaus Meis und Piet Zender

Der Verlag, Autor und Fotograf freuen sich über Ihre Hinweise:
info@mitteldeutscherverlag.de

Fotografien: Rudolf Voigtländer, außer S. 40 u.: ©Rheinisches Landesmuseum Trier, Foto: Thomas. Zühmer; S. 74: ©Vereinigte Hospitien, Foto: A. Durst; S. 136: Karikatur Johannes Kolz: Die Trierer Originale Helmut Leiendecker und Guildo Horn geben einem Touristen „Orientierung", „Alles Trier", Obacht-Verlag Trier; S. 139: ©Trier Tourismus und Marketing GmbH., Foto: Christian Millen

Gesamtherstellung: Mitteldeutscher Verlag, Halle (Saale)

ISBN 978-3-95462-668-7

Printed in the EU